CHANTS CHRÉTIENS.

L'ÉTERNEL EST MON CANTIQUE.

PSAUME CXVIII, *v.* 14.

PARIS

CHEZ L.-R. DELAY, LIBRAIRE,

RUE TRONCHET, Nº 2.

1845

CHANTS CHRÉTIENS.

IMPRIMERIE D'E. DUVERGER,

RUE DE VERNEUIL, N° 4.

CHANTS
CHRÉTIENS.

L'ÉTERNEL EST MON CANTIQUE.

PSAUME CXVIII, v. 14.

PARIS
CHEZ L.-R. DELAY, LIBRAIRE,
RUE TRONCHET, N° 2.

1845

La première édition des Chants chrétiens avec musique a été publiée en 1854; la quatrième vient de paraître[1]. Ce recueil, composé, pour les paroles, en partie de cantiques anciens, en partie de cantiques modernes réimprimés avec l'assentiment de leurs auteurs, comprend, en outre, un très grand nombre de cantiques nouveaux qui lui appartiennent en propre. Il en est de même pour les airs. Nous avons conservé les meilleurs de ceux que le public religieux a accueillis depuis longtemps, mais en restituant à quelques-uns des plus vieux les partitions oubliées avec lesquelles ils étaient d'abord devenus populaires, ou en y adaptant des partitions nouvelles qui ont paru propres à produire de plus beaux effets d'harmonie. Nous nous sommes prévalu aussi, mais avec une discrète réserve, de la permission que l'auteur des *Chants de Sion* avait bien voulu nous donner de faire quelques emprunts à ce recueil si justement apprécié. Presque tous nos autres airs sont ou des importations de l'étranger qu'on n'avait pas en-

---

[1] Chez le même libraire et à la librairie musicale, rue Sainte-Anne, n° 34. Prix : 4 francs.

core tentées, ou des compositions faites exprès pour les paroles. Les CHANTS CHRÉTIENS, quoique très divers de date et d'origine, ne sont donc pas une simple compilation. La publication d'un nouveau recueil ne pouvait se justifier à nos yeux que s'il ajoutait à ce qu'on possédait déjà ; aussi nous y sommes-nous appliqué dans celui-ci. S'il a son cachet particulier, peut-être paraîtra-t-il mériter l'existence distincte que nous désirons lui conserver. Sans doute, il ne peut aspirer à satisfaire à tous les besoins du chant religieux ; une expérience de onze années, durant lesquelles il a reçu d'importantes améliorations, a cependant fait voir qu'il répond en quelque manière à ceux en vue desquels il a été entrepris.

Le perfectionnement du chant sacré étant l'un des principaux buts que nous nous sommes proposé d'atteindre, nous avons longtemps hésité avant de nous décider à publier cette première édition sans musique. Le désir de faciliter l'acquisition ou l'usage du recueil aux personnes qui ne sont pas musiciennes l'a cependant emporté, et nous leur offrons ici les paroles seules dans un volume qui se recommandera, nous l'espérons, à elles par la petitesse du format, la netteté de l'impression et la grosseur du caractère. Toutefois, qu'on veuille bien nous permettre de l'ajouter, il serait fâcheux qu'il fît perdre aux chanteurs la bonne habitude d'avoir le airs notés sous les yeux. Pour peu qu'on ait de la voix et qu'on sache les notes et la division des temps, il vaudra toujours mieux suivre le chant sur le recueil avec musique. On évitera par là de dénaturer peu à peu des airs qu'on retient d'autant plus mal qu'on est moins musicien, d'en changer le mouvement, et d'improviser des parties qui trop souvent détruisent tout à fait l'harmonie. Ce n'est donc pas à ceux qui savent chanter que la présente édition est destinée. En la publiant, nous n'avons songé qu'aux personnes qui ne sauraient que faire de la musique si elle était jointe aux paroles, et que le prix plus élevé d'un recueil avec les airs notés aurait pu priver quelquefois de la douceur de s'édifier, pendant le chant, des sentiments pieux exprimés dans les cantiques. Nous la leur dédions, avec l'espoir qu'elles trouveront plaisir à lire et à entendre chanter les louanges de Dieu, alors même qu'elles ne pourraient mêler leurs voix à celles de leurs frères.

Du reste, nous aimons à le répéter encore ici, le chant sacré doit former une portion très importante du culte public. C'est la prière chantée, l'expression en commun de la piété de l'assemblée. Tous ceux à qui Dieu a donné une voix pour le bénir devraient y prendre part avec un cœur joyeux et reconnaissant. Le chant d'une assemblée entière a quelque chose d'imposant et d'attendrissant, tandis que quelques voix qui s'élèvent çà et là au milieu du silence de l'assemblée font un effet incomplet qui attriste et ôte au culte beaucoup de sa solennité. Il est peu de personnes qui soient absolument incapables de chanter. Dans bien des cas, il s'agirait surtout de vouloir, et d'être bien pénétré de l'obligation imposée à chacun de contribuer ainsi à l'édification de tous. La plupart des CHANTS CHRÉTIENS sont assez simples pour se graver très promptement dans la mémoire et pour être suivis par les moins habiles. Un peu d'habitude et d'attention fait surmonter la difficulté qu'on rencontre d'abord à chanter en parties. Les enfants devraient y être exercés très jeunes, et préparer ainsi des assemblées où les louanges de Dieu seront célébrées en masse, spontanément, librement, et où s'unir à la prière chantée sera pour tous un besoin impérieux du cœur.

H. L.

CHANTS
CHRÉTIENS.

Cantique 1. — AIR 1.

1. Ainsi que d'une lyre
   Un accord échappé
   Rapidement expire
   Dans l'air qu'il a frappé,
   De même chaque année,
   Prompte à s'évanouir,
   N'est pour l'âme étonnée
   Qu'un nom, qu'un souvenir. (*ter*.)

2. Ah! c'est trop dire encore!
   L'oubli, sombre et voilé,
   Incessamment dévore
   Chaque jour écoulé.
   Et de ces faits sans nombre
   Qu'enfanta le passé,
   A peine luit dans l'ombre
   Un reflet effacé. (*ter*.)

3. Mais, ô Dieu de lumière !
   O Dieu d'éternité !
   Sur notre vie entière
   Ton œil est arrêté.
   Pour toi seul tout demeure,
   Quand tout passe pour moi ;
   Un siècle, comme une heure,
   Est présent devant toi. *(ter.)*

4. J'interroge ma vie,
   A peine elle répond ;
   Ta justice infinie
   L'accuse et la confond.
   De leur tombe arrachées
   A la voix de mon Roi,
   Mille fautes cachées
   Se lèvent contre moi. *(ter.)*

5. Indigne créature,
   Où fuir loin de ce Dieu
   Qui dans mon âme impure
   Plonge un regard de feu ?
   Où m'éviter moi-même ?
   Ah ! le remords vengeur,
   Avant le jour suprême,
   Met l'enfer dans mon cœur ! *(ter.)*

6. Végéter sur la terre,
   Sans paix et sans amour ;
   D'une douleur amère
   S'abreuver nuit et jour ;

Même au milieu du rire
Sentir son cœur navré,
Et d'un joyeux délire
Sortir désespéré ; *(ter.)*

7. Voir tomber goutte à goutte
Et se perdre ces jours
Dont on brûle et redoute
De voir finir le cours ;
Aimer, haïr la vie,
Craindre, appeler la mort ;
Puis, l'épreuve accomplie,
Marcher vers le Dieu fort ; *(ter.)*

8. Voilà vivre ! O mon âme !
C'est mourir tous les jours !
Réveille-toi, réclame
Un asile, un secours.
Hâte-toi, l'heure avance ;
Vis avant de mourir ;
Du jour de la sentence,
Il n'est plus d'avenir. *(ter.)*

9. De l'humaine misère,
Divin Réparateur,
Sainte image du Père,
Jésus, ô mon Sauveur !
A ta foi je me livre,
Et j'espère obtenir
Ta grâce pour bien vivre,
Ta grâce pour mourir. *(ter.)*

10. Avec l'an qui commence
   Renouvelle mon cœur;
   D'amour et d'espérance
   Compose mon bonheur.
   Seigneur, ma foi t'embrasse,
   Mon cœur a soif de toi !
   Viens y verser ta grâce,
   Viens y graver ta loi ! (*ter*.)

Cantique 2. — AIR 2.

1. L'Éternel seul est seigneur ;
   Seul il est dominateur (*bis*.)
   Sur les peuples de la terre ;
   Il est maître souverain (*bis*.)
   Des ouvrages que sa main
   Pour sa gloire a voulu faire.

2. Mais quel bienheureux mortel
   Au saint mont de l'Éternel (*bis*.)
   Aura le droit de paraître ?
   Et quel homme, ô puissant Roi ! (*bis*.)
   Pour demeurer avec toi,
   Assez juste pourrait être ?

3. C'est l'homme qui, dans son cœur,
   Par ton Esprit, ô Seigneur ! (*bis*.)
   Hait du péché les souillures ;
   Qui, fuyant la fausseté, (*bis*.)
   Te sert en sincérité,
   Levant à toi des mains pures.

4. Oui, cet homme recevra,
   De son Dieu qu'il cherchera, (bis.)
   Le salut et la justice.
   Oui, tes enfants, à jamais, (bis.)
   Seigneur! trouveront ta paix
   Et ta lumière propice.

5. Ouvrez-vous, célestes lieux!
   Haussez-vous, portes des cieux! (bis.)
   Car voici le Roi de gloire.
   Quel est ce roi, ce vainqueur? (bis.)
   C'est Jésus le Rédempteur,
   Qui revient de la victoire.

6. Avec lui nous entrerons,
   Avec lui nous régnerons (bis.)
   Dans cette gloire éternelle.
   Ouvrez-vous, portes des cieux! (bis.)
   Tressaillez, célestes lieux,
   D'une allégresse nouvelle!

Cantique 5. — AIR 5.

1. O Seigneur! ô Sauveur! que nos lèvres te louent,
   Mais qu'avec nos accents nos œuvres soient d'accord,
   Si par nos actions nos cœurs te désavouent,
   Dans nos chants les plus beaux tout est vain, tout est mort. (bis.)

2. Du stérile figuier que sécha ta parole
   Un feuillage opulent décorait les rameaux.

Qu'importe ! il fut maudit; ainsi, vide et frivole,
Le culte du méchant consumera ses os. *(bis.)*

3. L'alléluia trompeur qu'au Seigneur il adresse,
En malédiction retombe sur son front;
Et celui qu'insulta sa coupable paresse
Paîra ses vains respects d'un éternel affront. *(bis.)*

4. Pareil à la vapeur qui naît d'une eau dormante,
Son encens monte au ciel en nuage odieux;
La foudre en est formée et retombe brûlante
Sur l'autel d'où l'encens a fumé vers les cieux. *(bis.)*

5. Tu naquis pour servir, et servir fut ta gloire;
Servir est à jamais le sceau de tes enfants.
Qui fait peu t'aime peu; qui se borne à te croire
Ne te croit point encore, ô Sauveur des croyants! *(bis.)*

6. Quoi! Seigneur, je croirais à tes saintes promesses,
Et pour tes ordres saints je n'aurais point de foi!
Soumis pour espérer, pour goûter tes largesses,
Je ne le serais plus pour accepter ta loi! *(bis.)*

7. Mourut-il avec Christ au rocher du Calvaire,
L'amour pieux et tendre, asile du malheur?
Non, l'amour y naquit, et dès lors sur la terre,
Comme on cherche un trésor il cherche la douleur. *(bis.)*

8. Que de maux, de périls et de besoins m'appellent!
Que de frères, d'amis, Dieu jette dans mes bras!
Que d'œuvres à fonder! que d'œuvres qui chancellent!
Travaillons, le loisir n'appartient qu'aux ingrats. *(bis.)*

Cantique 4. — AIR 4.

1. Dans l'abîme de misères
   Où j'expirais loin de toi,
   Ta bonté, Dieu de mes pères,
   Descendit jusques à moi.
   Tu parlas, mes yeux s'ouvrirent;
   A mes regards éperdus
   Tes secrets se découvrirent;
   J'étais mort, et je vécus.

2. Mais ma vie est faible encore,
   Et je sens jusqu'à ce jour,
   Dans ma foi qui vient d'éclore,
   Plus de remords que d'amour.
   D'un passé qui m'humilie
   J'entretiens mon souvenir;
   Je me contemple, et j'oublie
   Le Dieu qu'il faudrait bénir.

3. O Dieu ! s'il faut qu'on te craigne,
   Tu veux surtout être aimé;
   Etre aimé voilà ton règne;
   Ta gloire c'est d'être aimé.
   Qui ne t'aime, ô Dieu fidèle !
   Foule d'un pied révolté
   La loi sainte et paternelle
   De la céleste cité.

4. Plus haut que toute pensée,
   Ta main étendit les cieux;

Tu veux : leur voûte embrasée
Se peuple de nouveaux feux.
Mais privés d'aimer, de croire,
Tous ces cieux et leur splendeur
Ne valent pas pour ta gloire
Un seul soupir d'un seul cœur.

5. Esprit du Dieu que j'adore,
Ah ! forme en moi ce soupir,
Ce feu qui n'a point encore
Réchauffé mon repentir.
Qu'à l'amour mon cœur se livre,
Et qu'il répète à jamais :
Aimer, aimer, voilà vivre !
Fais-moi vivre, ô Dieu de paix !

Cantique 5. — AIR 5.

1. Dans le désert où je poursuis ma route
Vers le pays que je dois habiter,
Que nul ennui, nul travail ne me coûte, ⎫
Car c'est des cieux que je dois hériter. ⎭ *bis.*

2. Mon Rédempteur, ô guide en qui j'espère,
Protége-moi contre le faix du jour.
Pendant la nuit, que ta clarté m'éclaire, ⎫
Dans tous les temps conduit par ton amour ! ⎭ *bis.*

3. Chaque matin, ta bonté paternelle
Répand d'en haut mon pain quotidien ;

Et quand, le soir, je m'endors sous ton aile, } bis.
C'est toi qui prends souci du lendemain. }

4. O mon Rocher ! que les eaux de ta grâce
Sortent de toi pour me désaltérer !
De ton Esprit que la sainte efficace } bis.
Préserve, ô Dieu ! mon cœur de murmurer. }

5. Quand le péché, de sa dent venimeuse,
M'a déchiré pour me faire périr,
Un seul regard sur ta croix glorieuse, } bis.
Puissant Jésus, suffit pour me guérir. }

6. Bientôt pour moi le terme du voyage
Amènera le moment du repos ;
Et du Seigneur le puissant témoignage } bis.
Me gardera contre les grandes eaux. }

7. O mon pays ! terre de la promesse,
Mon cœur ému de loin t'a salué ;
Dans les transports d'une sainte allégresse, } bis.
O Dieu ! ton nom soit à jamais loué ! }

Cantique 6 — AIR 6.

1. Seigneur, mon âme est altérée ;
Mais ce n'est plus de vains plaisirs.
Par ton Saint-Esprit éclairée,
Vers toi se tournent ses désirs.

2. A l'aspect de ta croix bénie,
Sont tombés mes impurs liens :

Mes yeux n'ont plus vu que folie
Dans ce que j'appelais des biens.

3. Après ta grâce je soupire :
En mon cœur fais-la pénétrer ;
Fais que, soumis à ton empire,
Je ne vive que pour t'aimer.

4. O Jésus ! tu peux toute chose !
Par toi le désert va fleurir ;
Ta main fera naître la rose
Sur un buisson près de périr.

5. Bon Berger, tu sais ma faiblesse :
Prends ton pauvre agneau dans ton sein ;
Et, soutenu par ta tendresse,
Il te suivra jusqu'à la fin.

Cantique 7. — AIR 7.

1. Roi des rois, Éternel mon Dieu,
Que ton tabernacle est un lieu
Sur tous les autres lieux aimable !
Mon cœur languit ; mes sens ravis
Ne respirent que tes parvis
Et que ta présence adorable.
Vers toi mon âme s'élevant,
Cherche ta face, ô Dieu vivant !

2. Hélas ! Seigneur, le moindre oiseau,
L'hirondelle, le passereau,

Trouveront chez toi leur retraite ;
Et moi, dans mes ennuis mortels,
Je languis loin de tes autels ;
C'est en vain que je m'y souhaite.
Heureux qui peut, dans ta maison,
Te louer en toute saison !

3. Oh ! mille fois heureux celui
De qui toujours tu fus l'appui,
Et qui, d'une route constante,
Passe, pour te rendre ses vœux,
Le vallon sec et sablonneux,
Sans que la peine l'épouvante.
L'eau vive sous sa main naîtra ;
L'eau du ciel ses puits remplira.

4. Toujours plus forts ils marcheront,
Jusqu'à ce qu'enfin ils viendront
Dans Sion devant Dieu se rendre.
Toi qui veilles sur Israël,
Grand Dieu ! de ton trône éternel,
Daigne mes prières entendre !
Dieu de Jacob, exauce-moi,
Quand j'élève mon cœur à toi.

5. O Dieu ! qui nous défends des cieux,
Vers ton oint tourne enfin les yeux.
J'aimerais mieux en toutes sortes
Un jour chez toi que mille ailleurs ;
Et je crois les emplois meilleurs
Des simples gardes de tes portes,

Que d'habiter dans ces palais
Où la vertu n'entre jamais.

6. Qui veut en toi se confier
T'a pour soleil et bouclier ;
Tu donnes la grâce et la gloire ;
Tu couronnes l'intégrité,
D'honneur et de félicité,
Au delà de ce qu'on peut croire.
Oh ! mille et mille fois heureux
Celui qui t'adresse ses vœux !

Cantique 8. — AIR 8.

1. Quand je vivais sans le Seigneur,
Si toutefois c'est une vie,
Rien ne pouvait remplir mon cœur,
Et toute paix m'était ravie. (bis.)

2. Comme une plume dans les airs
Au gré des vents est ballottée,
Ainsi par des soucis divers
Je sentais mon âme agitée. (bis.)

3. Maintenant, ô Jésus ! je voi
La seule chose nécessaire :
Et c'est de s'appuyer sur toi
Comme un faible enfant sur sa mère, (bis.)

4. Depuis le jour où tu m'as pris,
Me délivrant de l'esclavage,

Tu t'es chargé de mes soucis
Jusqu'à la fin de mon voyage. (*bis*.)

5. Seigneur, je veux abandonner
Mon sort à ta volonté sainte;
Donne ce que tu veux donner,
Et je le recevrai sans crainte. (*bis*.)

6. Mais si tu vois mon lâche cœur
Sous ta main murmurer encore,
Tu lui parleras, bon Sauveur,
Pour qu'il se taise et qu'il adore. (*bis*.)

Cantique 9. — AIR 9.

1. Oh! que ton joug est facile!
Oh! combien j'aime ta loi!
Dieu saint, Dieu de l'Évangile,
Elle est toujours devant moi.
De mes pas c'est la lumière;
C'est le repos de mon cœur;
Mais pour la voir tout entière, } *bis*.
Ouvre mes yeux, bon Sauveur.

2. Non, ta loi n'est point pénible
Pour quiconque est né de toi;
Toute victoire est possible
A qui combat avec foi.
Seigneur, dans ta forteresse
Aucun mal ne m'atteindra;

Si je tremble en ma faiblesse, } *bis.*
Ta droite me soutiendra.

3. D'un triste et rude esclavage,
Affranchi par Jésus-Christ,
J'ai part à ton héritage,
Aux secours de ton Esprit.
Au lieu d'un maître sévère,
Prêt à juger et punir,
Je sers le plus tendre Père, } *bis.*
Toujours prêt à me bénir.

4. Pour les sages de ce monde
Tous tes trésors sont voilés ;
Mais dans ta bonté profonde
Tu me les as révélés.
Tu donnes l'intelligence
Aux moindres de tes enfants.
Ah ! de ce bienfait immense } *bis.*
Rends-nous donc reconnaissants !

5. Dieu qui guides, qui consoles,
J'ai connu que le bonheur
C'est de garder tes paroles,
Et je les serre en mon cœur.
Fais-moi marcher dans ta voie
Et me plaire en tes statuts ;
Si je cherche en toi ma joie, } *bis.*
Je ne serai pas confus.

Cantique 10. — AIR 10.

1. Souvent, Seigneur, en sa détresse,
   Un pauvre pécheur ne t'adresse
   Pour prières que des soupirs.
   Vers lui, plein d'amour, tu t'inclines ;
   Quoiqu'il se taise, tu devines
   Le secret de tous ses désirs.

2. Mais, ô Dieu ! ces élans de l'âme,
   Ce cri d'un cœur qui te réclame,
   Je ne les trouve pas en moi.
   Toujours occupé de la terre,
   Quoique de tout je désespère,
   Je ne sais m'élever à toi.

3. Mon cœur se tait comme la lyre
   Dont Saül a, dans son délire,
   Interrompu les doux accords.
   Seigneur, fais-en vibrer les cordes,
   Pour que de tes miséricordes
   Je parle avec de saints transports.

4. Jadis à la troupe fidèle
   Jésus a donné le modèle
   Des vœux qu'elle devait former.
   Je m'en souviens ; mais je désire
   Qu'en moi ton Saint-Esprit soupire
   Ce qui ne se peut exprimer.

5. Mais quoi ! ce désir que j'éprouve,
   Ce souhait qu'en mon cœur je trouve,

Ne me viendraient-ils pas de Dieu ?
Je disais : Dicte ma prière !
Et tu m'avais, ô tendre Père !
Déjà dicté ce premier vœu.

6. Désormais donc, ô Dieu suprême !
Pourquoi chercherais-je en moi-même
La prière qu'il faut t'offrir ?
J'attends toute sainte pensée
Du ciel, d'où descend la rosée
Que le soleil doit recueillir !

Cantique 11. — AIR 11.

1. Seigneur, dans ma souffrance,
    A toi seul j'ai recours.
    J'attends de ta puissance
    Un sûr et prompt secours.
    C'est dans les bras d'un Père
    Que je me suis jeté ;
    En sa grâce j'espère,
    Car il m'a racheté. (*bis.*)

2. Ame faible et craintive,
    Pourquoi donc te troubler ?
    Quand tu n'es plus captive,
    Comment peux-tu trembler ?
    Laisse aux enfants du monde
    Les soucis et les pleurs ;
    Dieu sur qui je me fonde
    A porté mes langueurs ! (*bis.*)

3. Je n'ai dans mon partage
   Aucun bien temporel ;
   Mais un riche héritage
   M'est acquis dans le ciel.
   Pour ceux que Jésus aime,
   C'est trop peu que de l'or ;
   Il se donne lui-même
   Et devient leur trésor. (*bis.*)

4. Qu'il est doux de se dire :
   L'Éternel pense à moi ;
   Il voit quand je soupire,
   Quand je suis dans l'effroi.
   Il recueille mes larmes,
   Il veut les essuyer ;
   Et je n'ai point d'alarmes
   Qu'il ne puisse calmer. (*bis.*)

Cantique 12. — Air 12.

1. Dieu tout-puissant, Dieu de ma délivrance,
   Je mets en toi toute mon espérance.
   Les grosses eaux débordent en fureur ; } *bis.*
   Veille sur moi, soutiens mon faible cœur !

2. Ah ! quel ami pourrait sur cette terre
   Me consoler dans ma douleur amère !
   Où donc aller si ce n'est point à toi ? } *bis.*
   Tes bras, Seigneur, s'ouvrent toujours pour moi.

3. Le malheureux, qui dans son infortune
   S'adresse à toi, jamais ne t'importune.
   Allez à lui, travaillés et chargés ;   ⎫ bis.
   Vous reviendrez guéris ou soulagés.   ⎭

4. Si je n'avais cette foi consolante,
   Je trouverais chaque peine accablante ;
   Mais puisque Dieu me prête son secours, ⎫ bis.
   Il n'est pour moi plus de fardeaux trop lourds. ⎭

5. Auprès du Père un avocat fidèle
   Plaide pour moi, pour mon âme immortelle.
   Ah ! du mondain combien je plains le sort ! ⎫ bis.
   Qu'espère-t-il au delà de la mort ?   ⎭

6. Quoique je sois affligé, misérable,
   Mon cœur éprouve un calme inaltérable.
   Je ne crains rien; de quoi puis-je avoir peur ? ⎫ bis.
   J'ai Dieu pour aide et pour libérateur.   ⎭

Cantique 13. — AIR 13.

1. L'Éternel seul est ma lumière,
   Ma délivrance et mon appui :
   Qu'aurais-je à craindre sur la terre
   Puisque ma force *est toute en lui ? (bis.)*

2. Mes ennemis à leur malice
   Voulaient me faire succomber;
   Mais sous mes yeux leur injustice
   Les a fait broncher (bis.) et tomber.

3. Pour m'assaillir, quand une armée
  Autour de moi se camperait,
  Sans effroi, sans être alarmée,
  Mon âme en Dieu *s'assurerait.* (*bis.*)

4. Tout mon désir, mon espérance,
  Est que je puisse, chaque jour,
  De Dieu connaître la clémence
  Et les douceurs *de son amour.* (*bis.*)

5. Son bras puissant, à ma requête,
  Un prompt secours me fournira,
  Et dans le fort de la tempête
  Sur un rocher *m'élèvera.* (*bis.*)

6. Mes ennemis avec tristesse
  Me verront couronné d'honneur,
  Et mes cantiques d'allégresse
  Célèbreront *mon Rédempteur.* (*bis.*)

7. Réponds-moi donc; j'attends ta grâce;
  Seigneur, exauce ton enfant!
  Tu me dis de chercher ta face,
  Et je la cherche, *ô Dieu vivant!* (*bis.*)

8. N'éloigne pas le sûr remède
  Qu'à mes maux je requiers de toi.
  Toujours, Seigneur! tu fus mon aide :
  Ne te détourne (*bis.*) pas de moi.

9. Ah! de mon père et de ma mère
  Si délaissé je me voyais,
  De l'Éternel, en ma misère,
  L'amour encor *je trouverais.* (*bis.*)

10. Seigneur, enseigne-moi ta voie!
   A mes pieds dresse le chemin!
   Qu'en pleine paix chacun me voie
   Marcher appuyé sur ta main,
   Oui, sur ta main.

11. Si je n'eusse eu la ferme attente
   Que Dieu, répondant à mon cri,
   Soutiendrait mon âme souffrante,
   Dans mon chagrin *j'eusse péri.* (bis.)

12. Oui, je verrai la délivrance
   Que mon Sauveur m'accordera :
   Aussi mon cœur, plein d'assurance,
   En l'attendant *s'affermira.* (bis.)

Cantique 14. — AIR 14.

1. C'est un rempart que notre Dieu!
   Si l'on nous fait injure,
   Son bras puissant nous tiendra lieu
   Et de fort et d'armure.
   L'ennemi contre nous
   Redouble de courroux;
   Vaine colère!
   Que pourrait l'Adversaire?
   L'Éternel détourne ses coups!

2. Seuls nous bronchons à chaque pas,
   Notre force est faiblesse;

Mais un héros, dans les combats,
 Pour nous lutte sans cesse.
 Quel est ce défenseur?
 C'est toi, divin Sauveur,
  Dieu des armées!
 Tes tribus opprimées
Connaissent leur libérateur.

3. Que les démons forgent des fers
 Pour accabler l'Eglise;
Ta Sion brave les enfers,
 Sur son rocher assise.
 Constant dans son effort,
 En vain avec la mort
  Satan conspire;
 Pour ruiner son empire,
Il suffit d'un mot du Dieu fort.

4. Dis-le ce mot victorieux,
 Dans toutes nos détresses!
Répands sur nous du haut des cieux
 Tes divines largesses!
 Qu'on nous ôte nos biens,
 Qu'on serre nos liens,
  Que nous importe!
 Ta grâce est la plus forte,
Et ton royaume est pour les tiens!

Cantique 15. — AIR 15.

1. Jamais Dieu ne délaisse
Qui se confie en lui ;
Si le monde m'oppresse,
Jésus est mon appui.
Ce Dieu bon et fidèle
Garde en sa paix les siens
Pour la vie éternelle,
Et les comble de biens.

2. Je veux, sachant qu'il m'aime,
Me remettre à ses soins ;
Beaucoup mieux que moi-même
Il connaît mes besoins.
Ce Dieu plein de tendresse
Confondrait-il ma foi ?
Non, plus le mal me presse,
Plus il est près de moi.

3. Monde, ce qui t'enchante,
Biens, honneurs, volupté,
N'est plus ce qui me tente :
Tout n'est que vanité !
Mon trésor, mon partage,
Mon tout, c'est Jésus-Christ,
Qui me donne pour gage
Le sceau de son Esprit.

4. Seigneur, par l'efficace
Du sang versé pour moi,

Accorde-moi la grâce
De vivre tout pour toi.
C'est la vie éternelle,
Déjà dès ici-bas,
Jusqu'au jour qui m'appelle
A passer dans tes bras.

Cantique 16. — AIR 16.

1. Encor cette journée
   Que tu nous as donnée,
   Seigneur, vient de s'enfuir ; (bis.)
   Et ce don de ta grâce (bis.)
   Comme une ombre s'efface,
   Pour ne plus revenir.

2. De ce temps de clémence,
   Que ta bonté dispense,
   Pour nous conduire à toi, (bis.)
   Mon âme pécheresse (bis.)
   Abuse, hélas! sans cesse,
   Et méprise ta loi.

3. Mais Christ, notre justice,
   A, par son sacrifice,
   Acquis notre pardon. (bis.)
   O Seigneur! Roi de gloire! (bis.)
   Accorde-moi de croire
   Et de vaincre en ton nom !

4. Le temps fuit et m'entraîne,
   Et bientôt il ramène,
   Seigneur, un jour nouveau. *(bis.)*
   Quelques soleils encore, *(bis.)*
   Et la nouvelle aurore
   Luira sur mon tombeau.

5. Seigneur! quand ta lumière
   Vient toucher ma paupière,
   Et pendant qu'il est jour *(bis.)*
   Vient réveiller mon âme, *(bis.)*
   Que ton Esprit m'enflamme
   Pour toi d'un saint amour!

6. Fais que mon cœur de pierre,
   Détaché de la terre,
   Soupire après les cieux! *(bis.)*
   O Christ! qu'en ta présence *(bis.)*
   Je marche en assurance,
   Par toi victorieux!

7. De tous biens seule source,
   Qu'en achevant ma course,
   Je m'endorme en ta paix; *(bis.)*
   Et qu'aux saintes phalanges, *(bis.)*
   Pour chanter tes louanges,
   Je m'unisse à jamais!

Cantique 17. — AIR 17.

1. Alléluia ! Louange à Dieu !
 Chrétiens, célébrons en tout lieu
 Son nom et sa puissance.
 Bénissons ce Dieu créateur,
 Chantons son règne et sa grandeur,
 Exaltons sa clémence.

2. Alléluia ! Fils éternel !
 Sauveur de l'homme criminel,
 Reçois notre humble hommage !
 Pénétré de ta charité,
 Ton peuple, par toi racheté,
 Te bénit d'âge en âge.

3. Alléluia ! céleste Esprit !
 De notre cœur humble et contrit
 Reçois les vœux sincères !
 A toi seul enfin consacré,
 Qu'il soit sans cesse pénétré
 De ta vive lumière.

4. Alléluia ! Dieu trois fois saint !
 Que ton auguste nom soit craint
 Par tout ce qui respire !
 Règne sur ton peuple à jamais ;
 Fais que tout l'univers en paix
 Adore ton empire.

Cantique 18. — AIR 18.

1. Comme en un bois épais et sous un noir ombrage
   Le soleil tout à coup lance un rayon brillant,
   Ainsi l'Esprit de Dieu perce l'obscur nuage
   Dont un doute entourait le cœur de son enfant.

2. Hélas! ils sont nombreux les moments de nos peines.
   Souvent nos durs sentiers traversent le désert.
   Mais là même, ô Jésus! jaillissent tes fontaines;
   Là même ton rocher nous reçoit à couvert.

3. O chrétien voyageur! ne crains pas la tempête;
   Ne crains pas du midi les pesantes ardeurs.
   Ne vois-tu pas Jésus qui dès longtemps apprête
   Ce refuge où, vers lui, vont cesser tes langueurs?

4. Non, dans les sombres jours de ta marche pénible,
   Jamais, ô racheté! tu n'es seul ici-bas.
   Ton Berger, ton Sauveur, se tient, quoique invisible,
   Sans cesse à tes côtés et veille sur tes pas.

5. Quoi! peut-il ignorer que ton âme est souffrante,
   Lui, qui de tous tes maux supporta tout le poids?
   Ou bien, retiendrait-il sa force consolante,
   Lui qui pour tes péchés mourut sur une croix?

6. Avance donc en paix : poursuis vers ta patrie
   Le chemin que ton Dieu t'a lui-même tracé;
   Et pense que Jésus, dans le ciel, pour toi prie,
   Lorsqu'ici tu te plains, de fatigue oppressé.

Cantique 19. — AIR 19.

1. Oui, pour son peuple Jésus prie !
Prêtons l'oreille à ses soupirs.
Qu'à sa voix notre âme attendrie
Réponde par de saints désirs.
Dans les hauts lieux, brillant de gloire,
Il est entré victorieux ;
Et sur l'autel expiatoire
Il offre son sang précieux.

2. Oui, pour mon âme Jésus prie !
Et sa requête jusqu'à moi
Descend comme un fleuve de vie,
Où s'abreuve ma sainte foi.
Du racheté doux privilége !
Je trouve au ciel un sûr garant,
Qui, plein d'amour, toujours assiége
Le tribunal du Dieu vivant.

3. Oui, pour nos âmes Jésus prie !
Dans cet instant, ô charité !
Il plaide, il intercède, il crie
Pour nous qui l'avons contristé.
A son enfant, auprès du Père,
Son cœur obtient un doux pardon ;
Et pour l'aider dans sa misère,
Sa voix réclame un nouveau don.

4. Oui, pour son peuple Jésus prie !
Bien-aimés, sans crainte approchez.

Il avance sa main meurtrie
Entre le ciel et vos péchés.
Oh! quel amour il nous témoigne!
Pour nous jamais son œil ne dort.
Qu'à sa requête aussi se joigne
De notre amour le saint transport.

5. Oui, pour l'Église Jésus prie!
Satan, le monde, vainement
Contre nous liguent leur furie;
Jésus combat fidèlement.
Sous le mépris, l'ignominie,
Ne craignons pas un vain assaut.
Que nous importe? Jésus prie!
La paix du cœur survient d'en haut.

6. Oui, pour les tiens, Jésus, tu pries!
Qu'il nous est doux de le savoir!
Ainsi, Seigneur, tu nous convies
A mettre en toi tout notre espoir.
Sous le parfum de ta prière
Fais-nous marcher, remplis d'ardeur;
Pour te bénir, notre âme entière
S'élève à toi, puissant Sauveur!

Cantique 20. — AIR 20.

1. C'est moi, c'est moi qui vous console,
A dit l'Éternel aux pécheurs.
Frères, croyons à la parole
Qu'il adresse à nos pauvres cœurs.

Il veut verser sur nos blessures
L'huile et le vin de son amour,
Et sur ses faibles créatures
Faire lever un nouveau jour.

2. La paix dont le Seigneur inonde
Les âmes de ses serviteurs,
N'est pas la paix d'un triste monde,
Dont les ris sont mêlés de pleurs.
La paix dont il dit : Je la donne !
Subsiste dans les jours mauvais;
C'est une immortelle couronne
Que rien ne flétrit : c'est sa paix.

3. Sa paix ! sais-tu ce qu'il en coûte
Au Fils de Dieu pour te l'offrir?
Sais-tu par quelle sombre route
Il passa pour te secourir?
Quittant sa céleste demeure,
Sais-tu ce que le Roi des rois
Pour nous a souffert, d'heure en heure,
De la crèche jusqu'à la croix?

4. Va le demander au Calvaire,
Où le rejeton d'Isaï
Reçut le terrible salaire
Des contempteurs du Sinaï.
Jésus a vidé le calice,
Dieu tout-puissant ! pour t'apaiser.
En lui la paix et la justice
S'unissent par un saint baiser.

5. Que la paix coule comme un fleuve
Qui porte au loin ses grandes eaux!
Et que mon âme s'en abreuve
Comme un agneau près des ruisseaux.
Du haut de ta sainte montagne
Répands-la selon nos souhaits;
Et que ton Esprit l'accompagne,
Roi de Salem! Prince de paix!

Cantique 21. — AIR 21.

1. Seigneur, je voudrais croire, et mon âme inquiète
Sait bien qu'en Jésus seul se trouve le repos,
Qu'une fois au Sauveur, paisible et satisfaite,
Elle pourrait sur lui rejeter son fardeau.

2. Dans ma fausse vertu, dans ma folle sagesse,
J'ai trop longtemps cherché ma gloire et mon bonheur;
Des plaisirs de l'orgueil la dangereuse ivresse
M'a fait presque oublier le vide de mon cœur.

3. Mais enfin, éclairé par la vive lumière
Que répand le malheur sur les biens d'ici-bas,
Je vois que pour courir après une chimère
J'ai fui loin de mon Dieu qui me tendait les bras.

4. O Jésus! tu l'as dit dans ta sainte Parole,
Tu te tiens à la porte, et frappes chaque jour.
Donne-moi donc d'ouvrir à Celui qui console,
A Celui qui me parle et de paix et d'amour.

5. Les longs raisonnements d'une science vaine,
    Les attraits si puissants du monde et du péché,
    Tout m'éloigne de toi; mais ta voix me ramène :
    Mon esprit lutte encor, mais mon cœur est touché.

6. Oui, mon cœur est touché; mais, hélas! quels abîmes
    Il présente à des yeux que Jésus vient d'ouvrir!
    Où je voyais des torts je découvre des crimes,
    Des maux dont nul mortel ne saurait me guérir.

7. Conduis donc un pécheur à la source abondante
    Ouverte pour tous ceux qui puisent avec foi;
    Soutiens par ton Esprit mon âme chancelante;
    Donne-moi tout, Seigneur! puisque tout vient de toi.

Cantique 22. — AIR 22.

1. Je chanterai, Seigneur, tes œuvres magnifiques,
    Ton auguste pouvoir, ta suprême grandeur.
    Aux concerts de tes saints j'unirai les cantiques
    Que pour toi me dicte mon cœur. (*bis*.)

2. Oh! que de l'Éternel la parole est féconde!
    L'univers fut jadis l'ouvrage de sa voix.
    Il dit : les éléments, le ciel, la terre et l'onde
    Du néant sortent à la fois. (*bis*.)

3. Le monde passera : ce superbe édifice
    Un jour s'ébranlera jusqu'en ses fondements.
    Ta sagesse, grand Dieu! ta bonté, ta justice,
    Subsisteront dans tous les temps. (*bis*.)

Cantique 23. — AIR 23.

1. Il vient! il vient! c'est notre Rédempteur.
   Hausse la voix pour chanter ton Sauveur,
   Jérusalem, ville de l'alliance !
   Dis à Juda quelle est ton espérance.
       Alléluia dans le saint lieu ! (*bis.*)
       Car voici Jésus *notre Dieu!* (*ter.*)

2. Devant Jésus tout coteau croulera ;
   Sur les puissants son bras dominera.
   Tremblez, pécheurs! redoutez sa colère :
   Il a pour vous un terrible salaire.
       Tremblez! tremblez! Malheur! malheur! (*bis.*).
       Car voici le Fort, *le Vengeur!* (*ter.*)

3. Comme un berger il paîtra son troupeau ;
   Pour la brebis et pour le faible agneau,
   Il est toujours dans ses bras un asile.
   C'est aux chétifs qu'il offre l'Évangile !
       Triste Sion, dis désormais : (*bis.*)
       Jésus est Prince *de la paix!* (*ter.*)

4. Jésus est grand ! son nom est glorieux !
   Car de ses doigts il compassa les cieux ;
   Il a pesé les monts à la balance,
   Et dans sa main l'Océan prit naissance.
       Sachez, sachez que le Sauveur (*bis.*)
       Est aussi le Dieu *Créateur!* (*ter.*)

Cantique 24. — AIR 24.

1. En toi, Seigneur, je me confie,
Et je te crains, ô Dieu puissant !
Sauveur parfait, source de vie,
N'es-tu pas aussi juste et grand ?
Parce que tu m'aimas, je t'aime ;
Tu m'as acquis, je suis à toi ;
Mais ta loi sainte, ô Dieu suprême !
Confond un pécheur tel que moi !

2. Quand je contemple ta justice,
Je pense à ton amour, Seigneur !
Malgré ton courroux, Dieu propice !
Malgré ton amour, Dieu vengeur !
Tes jugements couvrent la terre,
Et tu fais grâce à tes élus.
Quel est donc ce profond mystère ?
Toi seul peux le dire, ô Jésus !

3. Jésus, mon unique espérance,
Tu me dis : « Ne crains point, c'est moi !
« J'ai payé pour ta délivrance ;
« J'ai souffert, obéi pour toi. »
Aurais-je peur quand Dieu m'appelle ?
Tu m'absous, qui m'accusera ?
De ton bercail, pasteur fidèle !
Quel ennemi m'enlèvera ?

4. Non, je ne crains plus ta colère !
O Dieu ! Jésus est mon garant,

En lui tu m'aimes comme un père;
En lui j'ai les droits d'un enfant.
Mais ta loi, ta volonté sainte,
J'ai faim, j'ai soif de l'observer.
De tes saints donne-moi la crainte;
Car te craindre ainsi, c'est t'aimer.

5. Père, qui frappes, qui consoles,
Donne à ton enfant, dans ce jour,
Un cœur qui tremble à tes paroles,
Et qui s'égaie en ton amour.
Que l'horreur du mal soit ma crainte,
Que la grâce soit mon bonheur,
Pour que je suive sans contrainte
Et jusqu'à la mort mon Sauveur !

Cantique 25. — AIR 25.

1. Saint des saints! tout mon cœur *veut s'élever à toi.* (bis.)
Tu me dis de chercher le regard de ta face,
Fais-moi sentir ta puissante efficace.
Esprit de Dieu, viens soutenir ma foi. (bis.)

2. Éternel, ton amour *te fit mon créateur;* (bis.)
Tu formas de mon corps l'étonnant assemblage;
Mon âme aussi, mon âme est ton image,
Et pour t'aimer tu me donnas un cœur. (bis.)

3. Ta bonté m'accueillit *au lever de mes jours;* (bis.)
Tu veillas au berceau de ma fragile vie;

Par ta faveur ma route fut choisie,
Mille douceurs en charmèrent le cours. (bis.)

4. Mais bientôt j'oubliai, *Seigneur, ce tendre soin;* (bis.)
Trop souvent en mon cœur je méconnus ta grâce.
Que de mépris! que d'orgueil et d'audace!
Que de détours dont tu fus le témoin! (bis.)

5. Devant toi je rougis *et demeure confus;* (bis.)
Mais, Seigneur! ta pitié relève ma misère.
N'as-tu pas mis entre elle et ta colère
L'amour, la croix et le sang de Jésus? (bis.)

6. Oui, Seigneur, tu m'entends, *tu m'ôtes ma douleur;* (bis.)
Je me sens ton enfant; mon père je t'appelle.
De ton secours la promesse est fidèle;
Béni sois-tu! ta paix rentre en mon cœur. (bis.)

Cantique 26. — AIR 26.

1. Qu'ils sont beaux sur les montagnes
Les pieds de tes serviteurs
Qui parcourent les campagnes,
Prêchant la grâce aux pécheurs.
O délicieuse vie
D'un serviteur de Jésus,
Qui pour son maître s'oublie,
En annonçant ses vertus.

2. Libre de toute autre chaîne,
Le chrétien qui sert son Dieu
Dans la souffrance et la peine,
Suit son modèle en tout lieu.

Il faut qu'en vivante offrande
Il s'offre pour son Sauveur ;
C'est là ce que Dieu demande
D'un fidèle serviteur.

3. Ainsi, témoins de la grâce,
Pour remplir ce but divin,
Allez donc de place en place
Convier au grand festin,
Non les âmes indomptables,
Les mondains remplis d'orgueil,
Mais les pécheurs misérables,
Qui sur leurs maux mènent deuil.

4. Dites aux cœurs débonnaires
Que Christ est leur guérison,
Et que sa mort salutaire
Détruit le mortel poison.
Annoncez au cœur timide,
Au pécheur contrit, brisé,
Que Christ fait d'un cœur aride
Un cœur de grâce arrosé.

5. Aux cœurs accablés de peines,
Tremblant au seul nom de mort,
Aux cœurs qui, chargés de chaînes,
N'attendent qu'un triste sort,
Dites que Dieu, dans sa grâce,
Donna son Fils aux pécheurs,
Et que sa mort efficace
Leur mérita ses faveurs.

Cantique 27. — AIR 27.

1. Comme un cerf altéré brame
   Après le courant des eaux,
   Ainsi soupire mon âme,
   Seigneur, après tes ruisseaux.
   Elle a soif du Dieu vivant,
   Et s'écrie, en le suivant :
   Mon Dieu ! mon Dieu ! quand sera-ce
   Que mes yeux verront ta face?

2. Pour pain je n'ai que mes larmes;
   Et nuit et jour en tout lieu,
   Lorsqu'en mes dures alarmes
   On me dit : Que fait ton Dieu?
   Je regrette la saison
   Que j'allais en ta maison,
   Chantant avec les fidèles
   Tes louanges immortelles.

3. Mais quel chagrin te dévore?
   Mon âme, rassure-toi ;
   Espère en Dieu, car encore
   Il sera loué par moi.
   Quand d'un regard seulement,
   Il adoucit mon tourment,
   Mon Dieu ! je sens que mon âme
   D'un ardent désir se pâme.

4. Je pense à toi depuis l'heure
   Que j'étais vers le Jourdain,

Et vers la froide demeure
D'Hermon, où j'errais en vain ;
A Misar, en tous ces lieux,
Exilé loin de tes yeux,
Partout mes maux me poursuivent,
Comme des flots qui se suivent.

5. Les torrents de ta colère
Sur moi cent fois ont passé ;
Mais par ta grâce j'espère
Qu'enfin l'orage est cessé.
Tu me conduiras le jour ;
Et moi, la nuit, à mon tour,
Louant ta majesté sainte,
Je t'adresserai ma plainte.

6. Dieu, ma force et ma puissance !
Dirai-je, as-tu donc permis
Qu'une si longue souffrance
M'expose à mes ennemis ?
Leurs fiers et malins propos
Me pénètrent jusqu'aux os,
Quand ils disent, à toute heure :
Où fait ton Dieu sa demeure ?

7. Mais pourquoi, mon âme, encore
T'abattre avec tant d'effroi ?
Espère au Dieu que j'adore ;
Il sera loué de moi.
Un regard dans sa faveur
Me dit qu'il est mon Sauveur :
Et c'est aussi lui, mon âme,
Qu'en tous mes maux je réclame.

Cantique 28. — AIR 28.

1. Celui qui sur l'immensité
   Règne de toute éternité,
   Le Dieu très haut est notre Père ;
   Par sa Parole il nous créa ;
   C'est elle qui nous racheta,
   C'est elle aussi qui régénère.

2. Sainte Parole du Dieu fort,
   Le néant, le péché, la mort,
   N'ont pas arrêté ta puissance :
   Au néant tu pris l'univers ;
   Du péché nous ôtant les fers,
   Tu changes la mort en naissance.

3. Mais qu'il semble encor loin le jour
   Où tous répondront à l'amour
   Que leur a témoigné le Père !
   Si Jésus a tout accompli,
   Le cœur de l'homme est endurci ;
   Il veut douter de sa misère.

4. Frères, supplions le Seigneur
   Qu'il triomphe de tout pécheur
   Par le glaive de sa Parole !
   En fils d'Abram il peut changer
   Ces cailloux si durs à briser ;
   A sa voix tombe toute idole.

5. Oh ! que toute l'humanité,
   Du Fils de Dieu ressuscité

Bientôt entonne les louanges !
Jusques au trône de son Roi
Qu'elle élève une grande voix,
D'accord avec la voix des anges !

Cantique 29. — AIR 29.

1. Grand Dieu, nous te bénissons,
   Nous célébrons tes louanges ;
   Éternel, nous t'exaltons,
   De concert avec les anges ;
   Et, prosternés devant toi,
   Nous t'adorons, ô grand Roi ! } bis.

2. Les saints et les bienheureux,
   Les trônes et les puissances,
   Toutes les vertus des cieux
   Disent tes magnificences,
   Proclamant dans leurs concerts
   Le grand Dieu de l'univers. } bis.

3. Saint, saint, saint est l'Éternel !
   Le Seigneur, Dieu des armées !
   Son pouvoir est immortel ;
   Ses œuvres partout semées
   Font éclater sa grandeur,
   Sa majesté, sa splendeur. } bis.

4. L'illustre et glorieux chœur
   Des apôtres, des prophètes,

Célèbre le Dieu Sauveur,
Dont ils sont les interprètes ;
Tous les martyrs couronnés   } bis.
Chantent ses fidélités.

5. Ton Église qui combat,
Sur la terre répandue,
Et l'Église qui déjà
A la gloire est parvenue,
Entonne un chant solennel   } bis.
A Jésus Emmanuel.

6. Tu vins, innocent Agneau !
Souffrir une mort cruelle ;
Mais, triomphant du tombeau
Par ta puissance éternelle,
Tu détruisis tout l'effort   } bis.
De l'enfer et de la mort.

7. Sauve ton peuple, Seigneur,
Et bénis ton héritage !
Que ta gloire et ta splendeur
Soient à jamais son partage !
Conduis-le par ton amour   } bis.
Jusqu'au céleste séjour.

8. Veuille exaucer nos soupirs ;
Seigneur Jésus, fais-nous grâce ;
Veuille accomplir nos désirs,
Fais briller sur nous ta face.
Notre espérance est en toi,   } bis.
En toi, Jésus, notre Roi !

9. Puisse ton règne de paix
S'étendre par tout le monde !
Dès maintenant à jamais,
Que sur la terre et sur l'onde
Tous genoux soient abattus } *bis.*
Au nom du Seigneur Jésus !

10. Gloire soit au Saint-Esprit !
Gloire soit à Dieu le Père !
Gloire soit à Jésus-Christ,
Notre époux et notre frère !
Son immense charité } *bis.*
Dure à perpétuité.

Cantique 30. — AIR 30.

1. O Christ ! j'ai vu ton agonie,
Et mon âme a frémi d'horreur !
Oui, tu viens de perdre la vie,
Et c'est pour moi, pauvre pécheur.

2. A ta mort, la nature entière
Se répand en cris de douleur ;
Le soleil cache sa lumière ;
Les élus pleurent leur Sauveur.

3. Que ta mort, ô sainte Victime !
Soit toujours présente à nos yeux !
Ton sang peut seul laver le crime ;
Seul il peut nous ouvrir les cieux.

4. O Christ ! ta charité profonde,
   Touche, pénètre notre cœur :
   Tu meurs pour les péchés du monde ;
   Toi seul es notre Dieu Sauveur !

Cantique 31. — AIR 31.

1. Levons-nous, frères, levons-nous,
      Car voici notre Maître ;
   Il est minuit, voici l'Époux :
      Jésus-Christ va paraître ! (bis.)

2. Avec les siens il vient régner
      Et délivrer l'Église ;
   Bientôt il va la couronner
      De la gloire promise. (bis.)

3. Ne crains donc point, petit troupeau,
      Toi que chérit le Père ;
   Que toujours la croix de l'Agneau
      Soit ta seule bannière. (bis.)

4. Et si le monde est contre toi,
      Ses mépris sont ta gloire ;
   L'amour, l'espérance et la foi
      Te donnent la victoire. (bis.)

5. Gloire à Jésus-Christ, mon Sauveur !
      Car en lui seul j'espère.
   Heureux celui qui dans son cœur
      L'adore et le révère ! (bis.)

Cantique 32. — AIR 32.

1. Seigneur, écoute les requêtes
   Que nous élevons à tes pieds;
   Devant toi nous courbons nos têtes,
   Et nos cœurs sont humiliés!
   Puissant Sauveur, ô notre Père!
   Tu nous vois et tu nous entends.
   Reçois notre ardente prière;
   Seigneur! exauce tes enfants!

2. Tu les vois, en cette journée,
   Partout te présenter leurs vœux,
   Terminant ainsi cette année
   Qui vient de passer sous nos yeux.
   Que cet accord, ô notre Père!
   Vers toi montant comme un encens,
   Retombe en grâces sur la terre...
   Seigneur! exauce tes enfants!

3. Seigneur! qu'il vienne ton beau règne!
   Révèle au monde tes élus!
   Qu'en tout temps, on t'aime, on te craigne,
   On croie, on s'assure en Jésus!
   Tu l'as promis, ô notre Père!
   Daigne l'accomplir en son temps!
   Tu l'as promis, notre âme espère:
   Seigneur! exauce tes enfants!

4. Prends pitié de ta chère Église,
   Pour laquelle Jésus souffrit;

Qu'à ton joug elle soit soumise;
Unis-la dans un même Esprit!
Bénis-nous, ô notre bon Père!
Bénis tous tes membres souffrants;
Réjouis-les dans leur misère :
Seigneur! exauce tes enfants!

5. Contre toi le monde s'élève;
De Satan tu vois les efforts;
Dieu des combats, tire ton glaive!
Montre-toi plus fort que les forts!
Brise Satan, ô notre Père!
Que, vaincus par toi, les méchants
Ouvrent les yeux à la lumière :
Seigneur! exauce tes enfants!

6. Que ces fléaux que tu promènes
Sur tous les peuples tour à tour,
Bénis par tes mains souveraines,
Gagnent les cœurs à ton amour!
En nous affligeant, ô bon Père!
Rends-nous ainsi participants
De ta justice salutaire :
Seigneur! exauce tes enfants!

Cantique 33. — AIR 33.

1. J'aime mon Dieu, car son divin secours
Montre qu'il a ma clameur entendue;
A mes soupirs son oreille est tendue;
Je veux aussi l'invoquer tous les jours.

3.

2. Je n'avais plus ni trêve ni repos ;
 Déjà la mort me tenait dans ses chaînes ;
 Mon cœur souffrait les plus cruelles peines,
 Quand je lui fis ma prière en ces mots :

3. Ah ! sauve-moi du péril où je suis !
 Et dès lors même il me fut favorable ;
 Il est toujours et juste et secourable,
 Et toujours prompt à calmer nos ennuis.

4. Quand j'étais prêt à périr de langueur,
 Il me sauva, ce Dieu que je réclame ;
 Retourne donc en ton repos, mon âme,
 Puisqu'il te fait éprouver sa faveur.

5. Ta main puissante a détourné ma mort,
 Séché mes pleurs, soutenu ma faiblesse ;
 Sous tes yeux donc je veux marcher sans cesse,
 Toute ma vie, ô mon Dieu, mon support !

6. Je crus, Seigneur, et parlai hautement ;
 Puis, abattu de douleur et de crainte,
 Trop défiant, je formai cette plainte :
 Tout homme est faux et j'éprouve qu'il ment.

7. Mais que rendrai-je à Dieu pour ses bienfaits ?
 Ma main prendra la coupe des louanges ;
 Ma voix dira, d'accord avec les anges,
 De sa bonté les merveilleux effets.

8. Dès ce moment je lui rendrai mes vœux,
 Devant son peuple et dans son sanctuaire ;
 Car de tous ceux qui cherchent à lui plaire
 Les jours lui sont et chers et précieux.

9. Enfin, grand Dieu! tu sais ce que je suis,
   Ton serviteur, le fils de ta servante.
   Brisant mes fers, tu passes mon attente;
   Je veux au moins t'offrir ce que je puis.

10. Je veux toujours obéir à tes lois,
    Chanter ta gloire, invoquer ta puissance,
    Et devant tous, plein de reconnaissance,
    En hymnes saints faire éclater ma voix.

11. Dans ta maison je dirai ton honneur,
    Dans ta cité, Jérusalem la sainte;
    Que chacun donc avec joie, avec crainte,
    Se joigne à moi pour louer le Seigneur.

Cantique 34. — AIR 34.

1. O Dieu! que pourrait ma faiblesse
   Contre cet ennemi puissant,
   Qui, tel qu'un lion rugissant,
   Autour de moi rôde sans cesse?
   Je désire lui résister;
   Mais pour mieux assouvir sa haine,
   Satan cache avec soin la chaîne
   Dont il voudrait me garrotter.

2. Hélas! je suis né son esclave;
   J'ai grandi près de son autel.
   On m'y disait: Hais l'Éternel!
   Heureux est celui qui le brave!

Et le prince des sombres lieux,
M'offrant tout ce que mon cœur aime,
L'or, les plaisirs, de l'encens même,
Ajoutait : Prends! fais-en tes dieux.

3. Dès lors, agitant la poussière,
J'essayai d'en troubler les cieux ;
Mais je n'obscurcis que mes yeux,
Dont tes rayons sont la lumière.
Du gouffre de l'iniquité,
Seigneur ! tu retiras mon âme :
J'appris comment on te réclame,
Affranchi par la vérité.

4. Mais, ô mon Dieu ! l'esprit immonde,
Tour à tour serpent et lion,
Cherche à se glisser dans Sion,
Las qu'il est d'errer par le monde.
Jaloux de notre liberté,
Il veut nous l'ôter par la ruse :
Et ceux qu'il tente, il les accuse
Près du Dieu de l'éternité.

5. La prière et la vigilance
M'affermiront contre Satan.
Tel qu'un cèdre croît au Liban,
Je croîtrai dans ton alliance.
Si je résiste au séducteur,
Comme Jésus, par la Parole,
En Celui qui pour moi s'immole,
Tu me rendras plus que vainqueur.

Cantique 35. — AIR 35.

1. De tous les biens, source pure et féconde,
Esprit divin, viens remplir tout le monde,
Et daigne nous combler de tes bienfaits.
Sur ton Église hâte-toi de descendre,
Et dans nos cœurs veuille aujourd'hui répandre
Ta sainteté, ta lumière et ta paix. (*bis.*)

2. Enseigne-nous toujours ce qu'il faut faire !
Inspire-nous tout ce qui peut te plaire !
Rends-nous pieux, humbles, sages et saints !
Ne permets pas que, quand nous voulons vivre
Selon tes lois, les pratiquer, les suivre,
La chair, le monde empêchent nos desseins.(*bis.*)

3. Si notre cœur est léger et volage,
Fais désormais que sans aucun partage
Il se dévoue à son divin Sauveur ;
Si pour ta gloire il est froid et de glace,
Réchauffe-le par le feu de ta grâce,
Et viens régner pour toujours dans ce cœur.(*bis.*)

Cantique 36. — AIR 36.

1. Dieu fort et grand, tu vois toute ma vie ;
Tu m'as connu, tu m'as sondé des cieux.
Où puis-je fuir ta science infinie ?
Éternel Roi, tu me suis en tous lieux ! } *bis.*

2. Soit que je marche ou bien que je m'arrête,
   Voici, Seigneur! tu te tiens près de moi;
   Et pour parler, quand ma langue s'apprête, { *bis.*
   Tout mon dessein est déjà devant toi.

3. Vivant ou mort, dans les cieux, sur la terre,
   Ceint de lumière ou ceint d'obscurité,
   Partout ta main peut me saisir, ô Père! { *bis.*
   Partout sur moi ton œil est arrêté.

4. Que ta sagesse est sainte et merveilleuse!
   Non, je n'en puis mesurer la hauteur.
   Dieu de bonté, combien est précieuse { *bis.*
   La vie en toi, l'œuvre de ta grandeur!

5. Connaître, ô Dieu! ton amour, ta puissance,
   Sur mon sentier voir briller ta splendeur,
   Sur toi fonder toute mon assurance, { *bis.*
   Sont les seuls biens que souhaite mon cœur.

Cantique 37. — AIR 37.

1. Seigneur, en qui seul j'espère,
   Je m'abandonne à ta foi,
   Et du sein de ma misère
   J'élève mes mains à toi.
   Ma prière languissante
   Par toi deviendra puissante,
   Si l'Esprit intercesseur
   Lui-même prie en mon cœur.

2. Au pied de ton trône auguste
Qu'apporté-je, Dieu très saint?
Rien que le nom du seul Juste
Partout sur ma vie empreint;
Rien que ses pleurs secourables,
Et ses sueurs adorables,
Et le sang qu'au dernier jour
Sur moi versa son amour.

3. Baigné du sang de mon frère
Et des larmes de mon roi,
Je sens que je puis, mon Père,
Me présenter devant toi;
Et je sens que mon cœur même,
Ému d'un bienfait suprême,
Peut, sans craindre ton courroux,
S'ouvrir à ton œil jaloux.

4. Dans ce cœur trop vide encore
De charité, de ferveur,
Du moins, ô Dieu que j'adore,
Tu trouveras la douleur;
Bénis-la, bénis mes larmes,
Et du sein de mes alarmes,
Fais enfin naître, à son tour,
L'allégresse de l'amour.

5. Pleurer dans le sein d'un père,
Vaut mieux que sourire ailleurs;
Laisse donc, Dieu tutélaire,
Dans ton sein couler mes pleurs.

Devant ta majesté sainte
Qu'ils s'épanchent sans contrainte,
Par toi seul sanctifiés
Et par toi seul essuyés.

Cantique 38. — AIR 38.

1. Tu vins, Jésus, dans la souffrance,
   Sous la forme d'un serviteur,
   Publier l'an de bienveillance
   Et mourir comme un vil pécheur.

2. Ta croix est scandale et folie
   Pour un monde sans repentir,
   Et ta sainteté pour l'impie
   Est un sujet de te haïr.

3. Jusques à quand sur cette terre
   Seras-tu haï, rejeté,
   Tandis, Seigneur, qu'auprès du Père
   Tu règnes plein de majesté?

4. Le temps s'accomplit, l'heure avance,
   Les feuilles poussent au figuier;
   Le ciel rougit, ton jour commence :
   Quand luira-t-il en son entier?

5. Comme un éclair qui fend la nue,
   Tu viens, et tout œil te verra.
   Oh! que de gloire en ta venue!
   Et ton jour, qui le soutiendra?

6. Un roi va régner en justice :
C'est Jésus, l'homme de douleurs !
Plus de honte en son sacrifice ;
Pour nous plus de deuil, plus de pleurs !

7. Caché parmi la foule impie,
Mais paraissant par son amour,
Oh ! que ton peuple veille et prie,
Dans l'attente de ton retour !

Cantique 39. — AIR 39.

1. Trois fois saint Jéhovah ! (*bis.*)
Notre âme en ta présence,
Dans une humble assurance,
S'écrie : Alleluiah ! (*bis.*)
Ta gloire est immortelle,
Ta grâce est éternelle,
O Père ! ô Fils Sauveur ! (*ter.*)
O saint Consolateur !

2. Les esprits bienheureux, (*bis.*)
Tes élus et tes anges,
Célèbrent tes louanges
Aux demeures des cieux. (*bis.*)
Nous aussi, sur la terre,
Vers le vrai sanctuaire
Jusqu'à toi, Roi des rois ! (*ter.*)
Nous élevons nos voix.

3. Oui, nous cherchons, Seigneur ! (*bis*.)
   Le regard de ta face :
   Que du trône de grâce
   Il vienne en notre cœur ! (*bis*.)
   Oui, qu'il mette en notre âme
   La pure et vive flamme
   De l'amour que pour toi (*ter*.)
   Doit nourrir notre foi !

4. Amen ! ô notre Dieu ! (*bis*.)
   Que ta bonté fidèle
   A ce cœur qui t'appelle
   Réponde du saint lieu ! (*bis*.)
   Et qu'en ta paix parfaite
   Ton Église répète :
   Trois fois saint Jéhovah ! (*ter*.)
   Amen ! Alleluiah !

Cantique 40. — AIR 40.

1. Quelle clarté divine a relui dans mon âme ?
   Les cieux se sont ouverts. Une céleste flamme
   A pénétré mon cœur.
   Un prodige éclatant de la Toute-Puissance
   Vient de créer en moi la douce connaissance
   De Jésus mon Sauveur. (*bis*.)

2. Sans avoir d'autre appui que ma propre justice,
   Insensé, je dormais au bord du précipice
   De l'éternelle mort.
   Il m'aimait, ce Sauveur ; il me voit, il m'appelle ;

Il m'arrache au sommeil, et du chrétien fidèle
Il me montre le port. (*bis.*)

3. C'est alors que, sentant ma profonde misère,
J'aperçus de mon Dieu la brûlante colère
Prête à me dévorer.
Mais, ô Dieu! de mon cœur tu bannis toute crainte,
Quand, du brillant flambeau de ta Parole sainte,
Tu daignas m'éclairer. (*bis.*)

4. Aussitôt de mes yeux les écailles tombèrent;
Mes regards éblouis sur Jésus se fixèrent,
Et sur son grand amour.
Je connus, j'embrassai le trésor de la grâce,
Et je bénis l'Agneau dont le sang efficace
M'a sauvé sans retour. (*bis.*)

Cantique 41. — AIR 41.

1. Ah! que je ne sois pas comme un rameau stérile
Qui, séparé du tronc, doit périr desséché;
Mais que je sois, ô Dieu! comme un sarment fertile
Qu'aucun vent d'aquilon n'a du cep arraché.

2. Demeure en moi, Jésus, et qu'en toi je demeure,
Trouvant dans ton amour le plus fort des liens,
Portant beaucoup de fruits, chaque jour, à chaque heure,
Et renonçant à tout pour jouir des vrais biens.

3. Celui qui croit en toi, ta bouche le déclare,
Accomplira, Seigneur, les œuvres que tu fis.

Je crois... et d'où vient donc que mon âme s'égare
Si loin du droit sentier que toujours tu suivis?

4. Hélas! c'est que souvent je tourne vers le monde
Des yeux qui ne devraient s'arrêter que sur toi!
Ne me retranche pas... non, Seigneur, mais émonde,
Pour que j'apprenne mieux à pratiquer ta loi.

5. Toutefois que jamais mon cœur ne se confie
En mes pas chancelants pour arriver au but;
Tu donnas pour les tiens, divin Jésus, ta vie,
Et c'est mon seul espoir de paix et de salut.

Cantique 42. — AIR 42.

1. Tu parais, ô Jésus, et ta bouche proclame
   L'an favorable du Seigneur.
C'est à toi qu'il s'adresse, écoute-le, mon âme,
   Car il veut être ton Sauveur. (*bis.*)

2. D'un seul mot il guérit des souffrants la misère;
   Des captifs il brise les fers;
Et dans les yeux éteints il verse la lumière
   Qui doit éclairer l'univers. (*bis.*)

3. O Seigneur! que je sois de ceux que tu soulages!
   Fils d'Adam, j'ai souvent péché.
Tu vins pour des pécheurs, et non pas pour des sages:
   Fais-toi trouver! Je t'ai cherché. (*bis.*)

4. Israël au désert, pour renaître à la vie,
   Regardait au serpent d'airain.

Un regard sur Jésus est pour l'âme qui prie
L'aurore d'un nouveau matin. (*bis*.)

5. Que j'apprenne, ô mon Dieu! ce regard d'espérance
Du croyant qui s'attend à toi.
Je crois, mais sans avoir une ferme assurance :
Augmente donc ma faible foi! (*bis*.)

Cantique 43. — AIR 43.

1. Grand Dieu, tes bontés vont si loin,
Si loin que vont les nues;
Sur tous les êtres tu prends soin
Qu'elles soient répandues.
Seigneur! mon espoir, mon appui,
O mon Dieu tutélaire!
Viens m'arracher à mon ennui,
Exauce ma prière!

2. Je ne sais quel trouble inconnu
M'étonne et me pénètre,
Je sens que j'avais méconnu
Le besoin de mon être;
Car j'avais méconnu, Seigneur,
Ta charité profonde,
Et j'avais répandu mon cœur
Sur les objets du monde.

3. Tu m'as fait sentir leur néant;
Je t'en bénis, mon Père!

Je vois avec ravissement
   L'éternelle lumière.
Jésus est l'objet de mes vœux ;
   Mon âme le désire ;
Car seul il peut me rendre heureux ;
   Après lui je soupire.

4. Je ne t'implore plus, Seigneur !
   Pour les biens de ce monde ;
Les seuls biens qu'implore mon cœur
   De ta grâce féconde,
C'est d'augmenter ma faible foi
   En ta sainte Parole ;
C'est cette paix qui vient de toi,
   C'est l'Esprit qui console.

5. Seigneur, je ne t'invoque plus
   Pour obtenir la gloire ;
Donne-moi celle des élus !
   Toute autre est illusoire.
Que me fait un vain nom, hélas !
   Sur ce globe fragile ?
Ce nom... tu ne le connais pas ;
   Il est donc inutile.

6. Je n'implore plus ta bonté
   Pour une longue vie ;
Car de l'heureuse éternité
   Je sais qu'elle est suivie.
Dans la fortune, humilité,
   O grand Dieu que j'adore !

Courage dans l'adversité,
  Voilà ce que j'implore.

Cantique 44. — AIR 44.

1. Divin Sauveur ! une vaste carrière
  S'ouvre aux travaux des messagers de paix.
  De l'Évangile ils portent les bienfaits
  Aux malheureux privés de sa lumière.
  A leurs desseins donne un succès heureux,
    Seigneur ! nous te prions pour eux !

2. L'homme est pécheur, et par toute la terre
  Ce mal affreux à l'homme est attaché.
  Saints ennemis de l'auteur du péché,
  Tes serviteurs lui vont livrer la guerre ;
  A leurs combats donne un succès heureux :
    Seigneur ! nous te prions pour eux !

3. Persécuteur de la nature humaine,
  Satan contre eux soulève à chaque pas
  Mille ennemis qu'ils ne soupçonnaient pas,
  Et dont la ruse est égale à la haine.
  A leurs efforts donne un succès heureux :
    Seigneur ! nous te prions pour eux !

4. Quand, messagers courageux et dociles,
  Ils porteront l'Évangile et la croix
  Dans les palais, en présence des rois,
  Dans les forêts, les hameaux et les villes,

A leurs discours donne un succès heureux :
　Seigneur ! nous te prions pour eux !

5. Quand, sous les feux que l'Africain respire,
　Et sous la glace où l'Esquimau s'endort,
　Pour arracher des âmes à la mort,
　Ils porteront ton nom et ton empire,
　A leurs travaux donne un succès heureux :
　　Seigneur ! nous te prions pour eux !

6. Quand, exposés aux flèches qui dévorent,
　Aux noirs cachots, aux bûchers enflammés,
　Ils périront de tourments consumés,
　En bénissant le Sauveur qu'ils adorent,
　A leur amour réponds du haut des cieux :
　　Seigneur ! nous te prions pour eux !

7. Nous te prions pour la foi de leur âme,
　Nous te prions pour leur fidélité,
　Nous te prions pour que ta charité
　Brûle en leurs cœurs d'une immortelle flamme.
　Morts ou vivants, écris leurs noms aux cieux :
　　Seigneur ! nous te prions pour eux !

Cantique 45. — air 45.

1. Heureux celui de qui Dieu, par sa grâce,
　Et les erreurs et les fautes efface !
　Heureux celui de qui tous les péchés
　Devant son Dieu sont couverts et cachés !

Enfin heureux cent et cent fois j'estime
L'homme à qui Dieu n'impute point son crime
Et qui, parmi les faiblesses qu'il sent,
De toute fraude au moins est innocent.

2. Quand, dans les maux qu'attirait mon offense,
Trop obstiné, j'ai gardé le silence,
Quand de douleur j'ai crié sans cesser,
Mes os n'ont fait que fondre et se briser ;
J'ai, nuit et jour, senti ta main puissante
Sur moi, Seigneur, se rendre plus pesante ;
Mon corps s'est vu, dans cette extrémité,
Plus sec qu'un champ dans l'ardeur de l'été.

3. Mais aussitôt que sans hypocrisie
J'ai confessé les fautes de ma vie,
Dès que j'ai dit : Confessons mon forfait!
De ton pardon j'ai ressenti l'effet.
Ainsi celui que ton amour éprouve
Te cherchera dans le temps qu'on te trouve ;
Et quand de maux un déluge courrait,
De tout danger ta main le sauverait.

4. En toi, Seigneur, je trouve un sûr asile ;
Rien ne m'alarme et mon âme est tranquille;
Et, chaque jour, j'ai de nouveaux sujets
De te louer des biens que tu me fais.
Venez à moi, mortels, venez apprendre
Le droit chemin qu'en ce monde on doit prendre;
En me suivant vous ne broncherez pas :
Je prendrai soin de conduire vos pas.

5. Ne soyez point à ces chevaux semblables,
 Qui sont si fiers qu'ils semblent indomptables ;
 Pour retenir leur fougue et leurs efforts
 L'art inventa les brides et les mors.
 L'homme endurci sera dompté de même
 Par les rigueurs d'un châtiment extrême ;
 Mais quand quelqu'un prend Dieu pour son soutien,
 Dieu le protége et le comble de bien.

6. Fidèles, donc, qu'en ce jour on vous voie
 Chanter, louer l'auteur de votre joie ;
 Et que vos cœurs, avec humilité,
 De l'Éternel adorent la bonté.

Cantique 46. — AIR 46.

1. Ta loi fut toujours bonne, agréable et parfaite,
 O Jésus ! mon Sauveur et mon souverain Roi !
 Mais ma chair de péché n'en est point satisfaite,
 Et ne peut supporter de se soumettre à toi.

2. Ah ! jamais, je le sens, cette chair ennemie
 A ton paisible joug ne pourra consentir ;
 Elle veut le péché : son aveugle folie
 S'oppose constamment à tous les saints désirs.

3. Cependant mon esprit, enrichi de ta grâce,
 Ne participe point à ce mauvais penchant ;
 Il aime avoir sur lui le regard de ta face,
 Et ne trouve qu'en toi son vrai contentement.

4. Oui, je cherche le bien, mais quand je veux le faire,
Je sens une autre loi qui vient lui résister.
C'est ainsi qu'en mon cœur se déclare une guerre
Dans laquelle Satan cherche à me terrasser.

5. Hélas ! que deviendrais-je en ce combat terrible,
Si tu n'étais toujours à ma droite, Seigneur !
Mais je sais qu'à mes maux tu n'es pas insensible,
Et qu'en toi je dois être un jour plus que vainqueur.

6. Ta grâce, ô mon Sauveur ! ta grâce généreuse
Est celle qui suffit à ton bien faible enfant.
Ah ! mets sur moi, Seigneur, ta force précieuse,
Et que ton Saint-Esprit me guide constamment.

Cantique 47. — AIR 47.

1. Il ne saurait me donner le bonheur
Ce monde vain dont la figure passe ;
Pour apaiser le trouble de mon cœur,
Je n'ai d'espoir, ô mon Dieu ! qu'en ta grâce.

2. Oui, je le sens, ta grâce me suffit,
Car elle peut changer mon deuil en joie ;
Mais sans ta paix mon âme ne jouit
D'aucun des biens que ta bonté m'envoie.

3. Fais-moi, Seigneur ! bâtir sur le rocher ;
Fais que jamais le vent qui se déchaîne,
Ni le torrent qui vient à déborder,
Fondant sur moi, ne m'ébranle ou m'entraîne.

4. Ah! que, marchant toujours dans ton chemin,
Je ne sois point comme la multitude,
Dont le Sauveur daigna calmer la faim,
Et qui paya ses soins d'ingratitude.

5. Ta grâce, ô Dieu! m'a seule fait trouver
L'étroit sentier qui conduit à la vie;
Sans ton Esprit je n'y puis avancer;
Mais il descend sur celui qui te prie.

6. Du pain du ciel, oh! veuille me nourrir,
Afin, grand Dieu! que mon âme immortelle,
Se détachant de ce qui doit périr,
Soupire après sa demeure éternelle.

Cantique 48. — AIR 48.

1. Célébrons tous le Souverain
Qui bénit de sa sainte main
Les peuples de la terre,
Car il est notre Créateur,
Car il est notre Rédempteur,
Car il est notre Père.
Seigneur! Sauveur!
Que ta grâce (*bis*.) daigne faire
Plus que notre cœur n'espère.

2. Et vous, peuples, en tant de lieux,
Qui n'adorez que des faux dieux
De bois, d'or ou de pierre,

Par le Saint-Esprit amenés,
Devant Jésus-Christ prosternés,
Rendez honneur au Père.
Venez ! priez !
Que la grâce (*bis*.) daigne faire
De tout païen notre frère !

Cantique 49. — AIR 49.

1. Je la connais cette joie excellente
   Que ton Esprit, Jésus, met dans un cœur.
   Je suis heureux, oui, mon âme est contente,
   Puisque je sais qu'en toi j'ai mon Sauveur.

2. Tu m'as aimé, moi, vile créature,
   Jusqu'à t'offrir en victime pour moi ;
   Ton propre sang a lavé ma souillure,
   Et, par ta mort, je suis vivant pour toi.

3. Que puis-je donc désirer sur la terre,
   Puisque je suis l'objet de ton amour ;
   Puisque ta grâce, ô Sauveur débonnaire !
   Dès le matin me prévient chaque jour ?

4. Si je rencontre, en mon pèlerinage,
   Sur mon sentier, l'épreuve ou le chagrin,
   Puis-je oublier, durant ce court passage,
   Que ton enfant n'est pas un orphelin ?

5. Quoi ! Bien-Aimé ! c'est toi, c'est ta tendresse
   Qui me conduit pas à pas sous tes yeux ;

Et je pourrais gémir dans la tristesse,
En m'approchant du beau séjour des cieux !

6. Ah ! que mon âme, en parcourant sa voie,
S'égaie, ô Dieu ! dans ta communion !
Oui, que mon cœur, plein de force en ta joie,
De ton Esprit suive en paix l'onction !

Cantique 50. — AIR 50.

1. Seigneur ! dans ces jours de détresse
Que deviendrait ton pauvre enfant,
S'il ne pouvait, dans sa tristesse,
Avoir recours au Tout-Puissant !
Pour rassurer mon faible cœur,
Parle-moi donc, ô mon Sauveur !

2. Viens parler de paix à mon âme,
Et dis-moi que tu m'as aimé ;
Dis-moi qu'en traversant la flamme
Je ne serai pas consumé.
Fixe toujours tes yeux sur moi,
Et dirige les miens vers toi.

3. Si l'Éternel est ma retraite,
Qui pourrait me troubler encor ?
Pourquoi craindrais-je la tempête
Quand je suis sûr d'entrer au port ?
Appuyé sur Emmanuel,
Que me ferait l'homme mortel ?

4. Sépulcre, où donc est ta victoire?
　　Mort, où donc est ton aiguillon?
　　Pour moi souffrit le Roi de gloire :
　　Sur sa croix je lis mon pardon.
　　Le péché n'a plus de venin
　　Pour qui voit le serpent d'airain.

5. Jamais je n'aurai de disette,
　　Car l'Éternel est mon Berger.
　　Comment trembler sous la houlette
　　Du grand Dieu qui ne peut changer?
　　Ah! si mes parents, mes amis,
　　Étaient tous parmi ses brebis!

6. Pour les péchés de ma patrie
　　Mes yeux auront toujours des pleurs;
　　En moi je trouve sympathie
　　Pour chacune de ses douleurs.
　　Mais entouré de tant de maux
　　En Dieu je goûte un doux repos.

7. Oui, de mon Dieu quand je m'approche,
　　Mon cœur ne connaît plus d'effroi;
　　Il me conduit sur une roche
　　Qui serait trop haute pour moi.
　　Mon Sauveur m'a pris dans ses bras;
　　Satan ne m'en ôtera pas!

Cantique 51. — AIR 51.

1. O Dieu, ton temple
　　C'est l'univers;

Quand je contemple
Les cieux, les mers,
Et cette terre,
Et sa beauté,
J'adore, ô Père !
Ta majesté.

2. Mais, ô folie !
Sujet d'effroi !
L'homme t'oublie ;
Il vit sans toi ;
Et ton ouvrage
Cache au pécheur,
Comme un nuage,
Son Créateur.

3. Ce Dieu suprême,
Riche en bonté,
Perçant lui-même
L'obscurité,
Paraît sans voile
Devant nos yeux,
Comme une étoile
Qui brille aux cieux.

4. Jésus le Juste,
Voilà, Seigneur !
Le temple auguste
De ta splendeur.
Il nous révèle
Ta sainteté,
Et nous décèle
Ta vérité.

5. Le cœur qui t'aime,
   Dieu d'Israël !
   Devient lui-même
   Un humble autel
   Où pour ta gloire
   Brûle l'encens :
   C'est l'oratoire
   De tes enfants.

6. Par un miracle
   Dresse en mon cœur
   Ton tabernacle,
   Puissant Sauveur !
   Que la prière
   Du Saint-Esprit
   Y monte au Père
   Par Jésus-Christ !

Cantique 52. — AIR 52.

1. Éternel, ô mon Dieu ! j'implore ta clémence.
   Indigne de pardon devant ta sainteté,
   Je n'ai droit, je le sens, qu'à ta juste vengeance,
   Car ton œil est trop pur pour voir l'iniquité.

2. Du juste seul tu dois exaucer la prière ;
   Mais il n'est qu'un seul juste, et ce juste c'est toi,
   Toi, qui vins en ton Fils partager ma misère ;
   Et ce Fils aujourd'hui veut t'implorer pour moi.

3 Je suis le criminel, Jésus souffre à ma place;
Par sa mort il m'arrache à l'éternel trépas.
Que, lavée en son sang, mon âme trouve grâce!
Et que ton Esprit-Saint vienne guider mes pas!

4. Seigneur, qu'aux doux rayons du soleil de justice,
Je sente un nouveau cœur en moi s'épanouir !
Qu'en tous temps, en tous lieux mon âme te bénisse!
De foi, de charité, daigne, ô Dieu ! la remplir !

Cantique 53. — AIR 53.

1. Béni sois-tu, mon divin Maître!
A mon cœur plein d'obscurités (bis.)
Montre tes saintes vérités;
Pour t'aimer, il te faut connaître.

2. C'est pour t'aimer que je veux vivre;
Ta loi divine est le miroir (bis.)
Où je contemple mon devoir;
C'est le guide que je veux suivre.

3. J'attends de toi ma délivrance;
Elle est l'objet de mes désirs. (bis.)
Ta loi, qui fait tous mes plaisirs,
Nourrit aussi mon espérance.

4. Que je vive et que je t'honore!
Que je te conserve ma foi! (bis.)
Et fais aussi paraître en moi
Qu'on est heureux quand on t'adore.

5. Je suis une brebis errante;
Viens me reconduire au bercail! (bis.)
En repos change mon travail,
Et me donne une paix constante!

Cantique 54. — AIR 54.

1. Écoutez tous une bonne nouvelle :
C'est pour sauver que Jésus-Christ est mort !
Qui croit au Fils a la vie éternelle ;
Notre salut est un don du Dieu fort.

2. Redis, ô Dieu! cette douce Parole,
Dont ton Esprit a réjoui mon cœur;
Rien ne me calme et rien ne me console
Que de savoir que Christ est mon Sauveur.

3. Ah! je n'osais dans ma grande misère,
Dieu juste et saint! même te supplier;
Mais tu me dis : Appelle-moi ton Père!
Et c'est : Abba! que j'apprends à crier.

4. Aux doux concerts de tes saints, de tes anges,
Désormais donc, Seigneur, je veux m'unir.
Dans leurs transports, ils chantent tes louanges:
Heureux comme eux, comme eux je dois bénir.

5. Et quand Satan, jaloux de ta puissance,
Voudra troubler mon bonheur et ma foi,
Et du pardon m'enlever l'assurance,
Redis, ô Dieu : Jésus est mort pour toi!

Cantique 55. — AIR 55.

1. Bénissons Dieu, mon âme, en toute chose,
Lui sur qui seul mon espoir se repose ;
Chantons son nom sans nous lasser jamais !
Que tout en moi célèbre sa puissance ;
Surtout mon âme exalte sa clémence,
Et compte ici tous les biens qu'il t'a faits.

2. C'est ce grand Dieu, qui, par sa pure grâce,
De tes péchés les souillures efface,
Qui te guérit de toute infirmité ;
Du tombeau même il retire ta vie,
Et rend tes jours heureux, malgré l'envie,
T'environnant partout de sa bonté.

3. C'est ce grand Dieu dont la riche largesse
Te rassasie, et fait qu'en ta vieillesse,
Ainsi que l'aigle, on te voit rajeunir.
Aux opprimés il est doux et propice,
Et tous les jours sa suprême justice
Montre qu'il sait et sauver et punir.

4. Jadis Moïse, avec crainte, avec joie,
Vit du Seigneur la merveilleuse voie ;
Tout Israël vit aussi ses hauts faits.
Toujours clément et rarement sévère,
Prompt au pardon et lent à la colère,
Il est si bon qu'il remplit nos souhaits.

5. Si quelquefois, abusant de sa grâce,
Nous l'offensons, il s'irrite, il menace ;

Mais sa rigueur ne dure pas toujours ;
Il nous épargne, et sa juste vengeance
N'égale pas les peines à l'offense,
Car sa bonté vient à notre secours.

6. A qui le craint, à qui pleure sa faute,
Cette bonté se fait voir aussi haute
Que sur la terre il éleva les cieux ;
Et comme est loin le couchant de l'aurore,
Ce Dieu clément, quand sa grâce on implore,
Met loin de nous nos péchés odieux.

7. Comme à son fils un père est doux et tendre,
Si notre cœur vient au Seigneur se rendre,
Il nous reçoit avec compassion ;
Car il connaît de quoi sont faits les hommes ;
Il sait, hélas ! il sait que nous ne sommes
Que poudre et cendre et que corruption.

8. Les jours de l'homme à l'herbe je compare,
Dont à nos yeux la campagne se pare,
Qu'un peu de temps a vu croître et mûrir,
Et qui soudain, de l'aquilon battue,
Tombe et se fane et n'est plus reconnue,
Même du lieu qui la voyait fleurir.

9. Mais tes faveurs, ô Dieu ! sont éternelles
Pour qui t'invoque ; et toujours les fidèles,
De siècle en siècle, éprouvent ta bonté.
Dieu garde ceux qui marchent en sa crainte,
Ceux dont le cœur s'attache à sa loi sainte,
Tous ceux enfin qui font sa volonté.

10. Dieu, qui des cieux voit tout ce qui respire,
　　Dans ces hauts lieux a bâti son empire ;
　　Tout l'univers est soumis à ses lois.
　　Joignez-vous donc, pour chanter ses louanges,
　　Esprits divins, chœurs immortels des anges,
　　Vous qui volez où commande sa voix !

11. Bénissez Dieu, sa céleste milice,
　　Ministres saints, hérauts de sa justice,
　　Qui de lui plaire êtes toujours soigneux.
　　Bénissez Dieu, tous les peuples du monde,
　　Vous, cieux ! toi, terre, en mille biens féconde ;
　　Et bénis-le, toi, mon âme, avec eux.

Cantique 56. — AIR 56.

1. Peuple de Dieu, race anoblie,
D'où vient que ton courage est noyé dans tes pleurs ?
　　Crois-tu que le Seigneur t'oublie,
　　Ou qu'il méprise tes douleurs ?

2. Peuple souvent si téméraire,
Au danger t'exposant, sans crainte d'y périr,
　　Pourquoi prendre un esprit contraire
　　Quand il s'agit de conquérir ?

3. C'est jusqu'au sang qu'il faut combattre ;
Vous n'avez pas encor jusqu'au sang combattu.
　　Ne vous laissez donc point abattre,
　　S'il éprouve votre vertu.

4\. Contemplez votre Chef suprême;
Et, les yeux sur Jésus, la foi triomphera.
   Ne le voyez-vous pas lui-même,
   Sanglant, revenir de Botsra?

5\. Oui, pour ce peuple qu'il appelle,
Pour vous, enfants de Dieu, tout seul il combattit.
   Seul au pressoir, peuple rebelle!
   C'est pour vos péchés qu'il souffrit.

6\. Et maintenant, c'est la couronne
Qu'en ses divines mains on voit briller pour vous.
   C'est à ce prix qu'il vous la donne :
   Recevez-la donc à genoux!

7\. Puis, vous levant remplis de zèle,
Pour le même combat raffermissez vos mains.
   Pourrait-on être trop fidèle,
   Choisi d'entre tous les humains!

Cantique 57. — AIR 57.

1\. Du rocher de Jacob toute l'œuvre est parfaite;
Ce que sa bouche a dit sa main l'accomplira.
   Alléluia! alléluia! (*bis*.)
Car il est notre Dieu (*ter*.), notre haute retraite.

2\. C'est pour l'éternité que le Seigneur nous aime;
Sa grâce en notre cœur jamais ne cessera.
   Alléluia! alléluia! (*bis*.)
Car il est notre espoir (*ter*.), notre bonheur suprême.

3. De tous nos ennemis il sait quel est le nombre ;
　Son bras combat pour nous et nous délivrera.
　　　Alléluia ! alléluia ! (*bis*).
　Les méchants devant lui (*ter.*) s'enfuiront comme une ombre

4. Notre sépulcre aussi connaîtra sa victoire :
　Sa voix au dernier jour nous ressuscitera.
　　　Alléluia ! alléluia ! (*bis.*)
　Pour nous, ses rachetés (*ter.*), la mort se change en gloire.

5. Louons donc l'Éternel, notre Dieu, notre Père !
　Le Seigneur est pour nous : contre nous qui sera ?
　　　Alléluia ! alléluia ! (*bis.*)
　Triomphons en Jésus (*ter.*), et vivons pour lui plaire.

Cantique 58. — AIR 58.

1. Ne te désole point, Sion, sèche tes larmes :
　L'Éternel est ton Dieu ; ne sois plus en alarmes ;
　Il te reste un repos dans la terre de paix ;
　Le Seigneur te ramène et te garde à jamais !

2. Il te rétablira ; même au sein de tes ruines
　La vigne et l'olivier étendront leurs racines.
　Tout sera relevé, comme en tes plus beaux jours :
　Les murs de tes cités, tes remparts et tes tours.

3. Un jour, un jour viendra que tes gardes fidèles
　Sur les monts d'Ephraïm s'écriront : O rebelles,
　Retournez en Sion ! l'Éternel, votre Dieu,
　Vous rappelle : venez, et montons au saint lieu.

1. Relève ton courage, ô Sion désolée !
   Par le Dieu tout-puissant tu seras consolée ;
   Il vient pour rassembler tes enfants bienheureux :
   Bientôt tu les verras réunis sous tes yeux.

2. Tes nombreuses tribus, errantes, fugitives,
   Parmi les nations sont encore captives ;
   Mais bientôt le Seigneur, par des sentiers nouveaux,
   Les fera parvenir aux torrents de tes eaux.

3. Les peuples connaîtront que l'Éternel lui-même
   A délivré Jacob par son pouvoir suprême.
   Oui, Sion, ton Dieu règne, et tous tes ennemis
   Dans peu de jours seront confondus et soumis.

Cantique 59. — AIR 59.

1. Seigneur, dans les splendeurs des cieux,
   Heureux d'un bonheur sans nuage,
   Que t'importent des malheureux,
   Qui déshonorent ton image ?
   Tu peux d'un monde de pécheurs,
   Détournant ta vue indignée,
   Les abandonner aux horreurs
   De leur affreuse destinée.

2. De l'Inde à ces climats ardents
   Où l'Atlas élève ses cimes,
   Des cieux glacés aux cieux brûlants,
   Ton soleil éclaire nos crimes.
   La voix de nos iniquités,
   Depuis les siècles de nos pères,

Monte vers les cieux irrités,
Mêlée au cri de nos misères.

3. Seigneur, le monde a préféré
A ta vérité des mensonges,
Et notre encens est consacré
Aux dieux qu'ont enfantés nos songes,
D'impurs fantômes dans nos cœurs,
Dans nos temples, ont pris ta place,
Et partout, au sein des erreurs,
L'homme naît, te blasphème et passe.

4. O Dieu du ciel, tu n'es qu'amour!
L'amour a vaincu ta colère;
De ce monde indigne du jour
Tu veux encore être le père.
Tu l'aimes ce monde pervers;
Tu chéris ces âmes rebelles;
Le plus pur sang de l'univers,
Dieu bon, tu l'as donné pour elles.

5. Achève ton œuvre, Seigneur!
Annonce aux peuples de la terre
Qu'un céleste médiateur
Éteint les feux de ton tonnerre.
Seigneur, fais proclamer ton Fils :
Que ce Jésus, l'amour des anges,
Triomphe dans nos cœurs soumis
Et dans l'accord de nos louanges.

6. Qu'à ses pieds tombent abattus
Les faux dieux que l'erreur honore,

Nos vices, nos fausses vertus,
Démons que notre cœur adore.
Oh! sauve nos frères païens!
Oh! guéris nos âmes païennes!
Et parmi des peuples chrétiens
Fais briller des vertus chrétiennes!

Cantique 60. — AIR 60.

1. Obscur et pauvre au monde présenté,
Nous le voyons sans éclat, sans beauté.
Ce Roi des rois, ce Fils du Père,
Vit ici-bas dans la misère.
Il s'est chargé de toutes nos langueurs,
Et sur sa croix a porté nos douleurs. (*bis*.)

2. Ce bon Sauveur, comme il est méprisé!
Qu'en y pensant notre cœur soit brisé!
Pour nous il vit dans l'indigence;
Pour nous il connaît la souffrance.
Il s'est chargé de toutes nos langueurs,
Et sur sa croix a porté nos douleurs. (*bis*.)

3. Dans ce jardin, mon âme, viens le voir;
Il est tout seul à fouler au pressoir;
Il prie, une sueur sanglante
Découle de sa chair souffrante.
Il s'est chargé de toutes nos langueurs,
Et sur sa croix a porté nos douleurs. (*bis*.)

4. De tous les siens il est abandonné;
Frappé de coups, d'épines couronné;

Du démon la foule complice
Demande à grands cris son supplice.
Il s'est chargé de toutes nos langueurs,
Et sur sa croix a porté nos douleurs. (*bis*.)

5. Maudit de Dieu, fléchissant sous la croix,
Enfin cloué sur cet infâme bois...
Le peuple, aveuglé par la rage,
Le raille, l'insulte et l'outrage.
Il s'est chargé de toutes nos langueurs,
Et sur sa croix a porté nos douleurs. (*bis*.)

6. Mon Dieu! mon Dieu! pourquoi m'as-tu laissé?
Ce cri descend de son cœur angoissé.
Puis, Seigneur! il baisse la tête,
Et ta justice est satisfaite.
Il s'est chargé de toutes nos langueurs,
Et sur sa croix a porté nos douleurs. (*bis*.)

7. Que ce Jésus que nous avons percé
Dans notre cœur par la foi soit placé!
Car sa mort, qui nous justifie,
Par la foi devient notre vie.
Il s'est chargé de toutes nos langueurs,
Et sur sa croix a porté nos douleurs. (*bis*.)

Cantique 61. — AIR 61.

1. Je veux t'aimer, toi mon Dieu, toi mon Père,
Mon Rédempteur, mon Roi!
Je veux t'aimer, car la vie est amère
Pour ton enfant sans toi. (*bis*.)

2. Je veux t'aimer, ô Dieu plein de tendresse,
   Qui m'aimas le premier !
  Je veux t'aimer, soutien de ma faiblesse,
   Mon fort, mon bouclier. (*bis.*)

3. Je veux t'aimer, source de toute grâce,
   Auteur de mon salut !
  Je veux t'aimer ! Tourne vers moi ta face,
   Conduis-moi vers le but. (*bis.*)

4. Je veux t'aimer ! Jamais celui qui t'aime
   Seul ne se trouvera.
  Je veux t'aimer ! C'est de ton amour même
   Que mon âme vivra. (*bis.*)

5. Je veux t'aimer ! Que ta vive lumière
   Resplendisse à mes yeux !
  Je veux t'aimer ! Que ton œil tutélaire
   Veille sur moi des cieux ! (*bis.*)

6. Je veux t'aimer, refuge de mon âme !
   Pendant les jours mauvais.
  Je veux t'aimer ! C'est toi que je réclame,
   Source de toute paix. (*bis.*)

7. Je veux t'aimer ! C'est le vœu de ma vie,
   Le besoin de mon cœur.
  Mais, pour t'aimer, que jamais je n'oublie
   Le sang du Rédempteur ! (*bis.*)

Cantique 62. — AIR 62.

1. De quoi t'alarmes-tu, mon cœur?
   Ranime ton courage.
Souviens-toi de ton Créateur :
   Ta tristesse l'outrage.
      Car le Dieu fort
      Règle ton sort;
   Enfant du Dieu suprême,
   Il te connaît, il t'aime.

2. Viens contempler le firmament :
   Dis si ton œil embrasse
Les mondes que le Tout-Puissant
   A semés dans l'espace.
      Ni ton savoir,
      Ni ton pouvoir,
   Ne te rendront capable
   De faire un grain de sable.

3. Connais le Dieu de l'univers
   Et ton insuffisance;
Il a mille moyens divers,
   Tout prêts pour ta défense.
      Et dans ses bras
      Tu ne perds pas,
   Au fort de la tempête,
   Un cheveu de ta tête.

4. Tu formas l'homme de limon,
   Auteur de toutes choses!

Tu revèts mieux que Salomon
   Les lis des champs, les roses.
      Quoi? tout le ciel,
      Père éternel!
   Te coûte une parole,
   Et ton fils se désole!

5. Les mondes roulant dans les cieux,
   Et la fleur que je cueille,
L'accord des astres radieux,
   La chute d'une feuille,
      Tout suit ta loi;
      Serais-je, moi,
   Contre la loi commune,
   Soumis à la fortune?

6. Bannis donc, mon cœur, les soucis,
   Car ta douleur t'abuse;
Après t'avoir donné son Fils,
   Est-ce que Dieu refuse
      A son enfant
      Le vêtement,
   Le toit, le pain, la vie?
   Crains-tu qu'il ne t'oublie?

7. Je te remets, Dieu de bonté!
   Dieu tout-puissant! ma vie,
Mon corps, mes biens, ma liberté,
   Les miens et ma patrie.
      Par ce moyen
      Je ne perds rien,

Car une main si sûre
Rend tout avec usure.

8. Veux-tu me donner des plaisirs?
J'en bénis ta tendresse;
Veux-tu traverser mes désirs?
J'adore ta sagesse.
Je sais, je vois
En qui je crois.
Ta volonté, mon Père!
Me sera toujours chère.

9. Je me jetterai dans tes bras
Si tu veux que je meure :
O mon Dieu! ne me quitte pas;
Viens à ma dernière heure,
Viens m'assister,
Et transporter
Mon âme en son asile,
Et je mourrai tranquille.

Cantique 63. — AIR 63.

1. Seigneur mon Dieu, sur mon âme angoissée,
Répands enfin la vie et le bonheur;
Viens la guérir, viens, car elle est froissée
Par le péché, la crainte et la douleur.

2. Assez longtemps, trop longtemps, de tes voies
J'ai méconnu la fidèle bonté;

Et te fuyant, au sein des folles joies
J'ai poursuivi l'amère vanité.

3. Je viens à toi comme l'enfant prodigue ;
O Père saint ! je n'ai rien à t'offrir
Que mes péchés, ma langueur, ma fatigue ;
Mais, ô mon Dieu ! tu veux me secourir.

4. Le sang de Christ a coulé sur la terre ;
Sa voix de paix a crié jusqu'à toi,
Et ses flots purs ont éteint le tonnerre
Qui justement devait tomber sur moi.

5. Ton Évangile, en sa douce promesse,
De ton amour m'offre un gage certain.
O Dieu Sauveur ! tu connais ma détresse,
Et tu me tends ta secourable main.

6. Verse en mon cœur, toujours tardif à croire,
Sans te lasser, les trésors de ta paix ;
Il est rebelle, il est dur ; mais ta gloire
C'est de le vaincre à force de bienfaits.

Cantique 64. — Air 64.

1. A Celui qui nous a sauvés,
Et dont le sang nous a lavés,
Soit empire et magnificence !
D'esclaves il nous a faits rois ;
Rendons à ses divines lois
Une parfaite obéissance.

2. Célébrons tous la charité
De ce Sauveur ressuscité ;
Et disons, avec les saints anges :
Digne est l'Agneau de recevoir,
Hommage, honneur, force, pouvoir,
Gloire, richesses et louanges !

Cantique 65. — AIR 65.

1. L'Éternel est ma part, mon salut, mon breuvage ;
Il a fixé mon lot dans un bel héritage :
Ma langue, égaie-toi ; réjouis-toi, mon cœur ;
Entonne un chant d'amour, Jésus est ton Sauveur !

2. Rebelle, je vivais au milieu des rebelles ;
Mais Jésus-Christ m'a vu des voûtes éternelles ;
Il a quitté les cieux pour sauver un pécheur.
Mon âme, égaie-toi ! Jésus est ton Sauveur !

3. Ma dette envers mon Dieu m'entraînait dans l'abîme,
L'inexorable loi saisissait sa victime :
Un sang d'un prix immense apaise sa fureur.
Mon âme, égaie-toi ! Jésus est ton Sauveur !

4. Je tombe, chaque jour, en ma grande misère ;
Mais Christ plaide pour moi, debout devant le Père.
Il lui montre sa croix pour couvrir mon erreur.
Mon âme, égaie-toi ! Jésus est ton Sauveur !

5. Satan de ses fureurs me fait sentir l'atteinte ;
Jésus étend son bras, m'enlève à son étreinte,

Et, me mettant en paix, le frappe de terreur.
Mon âme, égaie-toi ! Jésus est ton Sauveur !

6. Qu'il est bon de t'avoir, Jésus ! pour sacrifice,
Pour bouclier, pour roi, pour soleil, pour justice !
Qu'elle est douce la paix dont tu remplis le cœur !
Mon âme, égaie-toi ! Jésus est ton Sauveur !

Cantique 66. — AIR 66.

1. Peuples, chantez un saint cantique
A l'honneur du grand Dieu des cieux,
Qui, par sa force magnifique,
Est demeuré victorieux !
Son grand pouvoir s'est fait connaître
Quand sa main nous a garantis.
Sa justice a daigné paraître
Pour nous au milieu des gentils.

2. Dieu, de sa bonté secourable
A bien voulu se souvenir ;
Selon sa promesse immuable,
Il veut son peuple maintenir.
Le salut que Dieu nous envoie
Jusqu'au bout du monde s'est vu ;
Que donc, d'allégresse et de joie,
L'univers entier soit ému !

3. Que partout devant Dieu résonnent
Et les instruments et les voix !

Que partout les trompettes sonnent,
Et les clairons et les hautbois !
Qu'en sa présence glorieuse
Tout pousse des sons éclatants ;
La mer bruyante et furieuse,
La terre et tous ses habitants !

4. Que devant Dieu les fleuves mêmes
Battent des mains, de joie épris ;
Et que, par des transports extrêmes,
Les monts fassent ouïr leurs cris ?
Car Dieu vient gouverner le monde
Selon le droit et l'équité,
Et partout, d'une main féconde,
Répandre la félicité.

Cantique 67. — AIR 67.

1. La terre roule, entraînant avec elle
Les jours, les mois et les ans des mortels,
Et chaque instant, du Seigneur qui t'appelle,
Voit accomplir les décrets éternels.
Chaque soleil du jour de ta venue
Hâte l'aurore, ô Jésus mon Sauveur !
Bientôt tu vas paraître sur la nue ;
Mais viens avant, viens régner sur mon cœur.

2. Bientôt le sol que foule un pied superbe
Va s'entr'ouvrir pour recevoir mes os,

Et bientôt l'œil devra chercher sous l'herbe
Ma place étroite et mon lieu de repos.
Mais il faudra, renaissant à la vie,
Dieu! soutenir ton regard scrutateur;
Ce temps approche, et ma voix t'en supplie :
O mon Garant! viens régner sur mon cœur.

3. Tu m'as sauvé, je le sais et j'implore,
Divin Jésus! ton amour sans égal;
Tu m'as sauvé, mais mon cœur garde encore
De ton amour plus d'un honteux rival.
Hâte-toi donc, viens régner sur la terre,
Viens y répandre à grands flots le bonheur;
Les temps sont mûrs, Dieu! qui t'es fait mon frère,
Viens établir ton règne dans mon cœur.

4. Du nord au sud, du couchant à l'aurore,
Ton ange vole, à la face du ciel;
Aux nations du grand Dieu que j'adore
Il va porter l'Évangile éternel.
Qu'il vole encore, et partout sur sa trace
Sème la paix et l'amour du Sauveur;
Que l'on s'égaie aux rayons de ta grâce,
Et que la joie habite dans mon cœur!

Cantique 68. — AIR 68.

1. Le Sauveur est ressuscité. (*bis.*)
Alléluia! l'enfer succombe.
Plein de gloire et de majesté,
Jésus triomphe de la tombe!

2. Mort! où donc est ton aiguillon? *(bis.)*
Sépulcre! où donc est ta victoire?
Dans son rapide tourbillon
Le temps nous entraîne à la gloire.

3. La mort est vaincue à jamais! *(bis.)*
Jésus a délivré l'Église;
Elle est sauvée, elle est en paix :
Par son sang il se l'est acquise.

4. Jésus nous a conquis le ciel; *(bis.)*
Jésus nous rend l'amour du Père;
Par Jésus je suis immortel!...
Que mon corps retombe en poussière!

5. En déshonneur il est semé, *(bis.)*
Il doit ressusciter en gloire;
Que mon cœur d'amour enflammé
De Jésus chante la victoire!

6. Oui, gloire à toi, mon Rédempteur! *(bis.)*
Qu'à ton nom tout genou fléchisse,
Et que la terre, ô mon Sauveur!
Pour t'adorer, au ciel s'unisse!

Cantique 69. — AIR 69.

1. O Seigneur! que n'ai-je des ailes
Pour m'élever jusques à toi!
Que n'ai-je, comme tes fidèles,
Les saintes ailes de la foi!

Mais la foi, l'Esprit seul la donne ;
Sans lui jamais on n'abandonne,
Pour se diriger vers les cieux,
Les biens trompeurs et les faux dieux.

2. Jésus-Christ, de sa main percée,
Daigne nous montrer le chemin ;
Par son sang la route est tracée ;
Sa voix guide le pèlerin.
Il faut passer par le Calvaire,
Pour arriver au mont qu'éclaire,
De rayons d'immortalité,
La gloire du Ressuscité.

3. O Jésus ! puisque tu fais vivre
Ceux que le péché fit mourir,
Puisque ta droite nous délivre,
Pourquoi trembler, pourquoi gémir ?
Je crois à ta miséricorde,
A ton amour qui nous accorde
Le pardon des iniquités
Et la paix de tes rachetés.

4. Et maintenant, ma foi s'élève
Plus haut que l'aigle dans les airs,
Plus haut que l'astre qui se lève,
Tout radieux, du sein des mers.
Je sais par qui j'ai la victoire !
Grand est son nom ! grande est sa gloire !
C'est Jésus, c'est Emmanuel,
Le Fils béni de l'Éternel !

Cantique 70. — AIR 70.

1. Mon cœur joyeux, plein d'espérance,
S'élève à toi, mon Rédempteur.
Daigne écouter avec clémence
Un pauvre humain, faible et pécheur.
En toi seul est ma confiance;
En toi seul est tout mon bonheur.

2. Dans ses péchés jadis mon âme,
O Dieu! mourait loin de ta croix.
Mais aujourd'hui je te réclame,
Je connais ta puissante voix;
Et dans mon cœur je sens la flamme
De l'amour de tes saintes lois.

3. C'est vers ton ciel que dans ma course
Je vois aboutir tous mes pas.
De ton Esprit la vive source
Me rafraîchit quand je suis las;
Et dans le danger, ma ressource
Est dans la force de ton bras.

4. Le jour, je suis sous ta lumière;
La nuit, je repose en ton sein;
Au matin, ton regard m'éclaire
Et m'ouvre un facile chemin;
Et chaque soir, ô mon bon Père!
Tu prépares mon lendemain.

5. Si quelque ennui vient me surprendre,
Ou si je trouve la douleur,

A toi tu me dis de m'attendre :
Sous ta main tu calmes mon cœur ;
Et bientôt tu viens y répandre
Le baume du Consolateur.

6. Je vois ainsi venir le terme
De mon voyage en ces bas lieux ;
Et j'ai l'attente vive et ferme
Du saint héritage des cieux.
Sur moi si la tombe se ferme,
J'en sortirai tout glorieux.

Cantique 71. — AIR 71.

1. A toi, mon Dieu, mon cœur monte,
En toi mon espoir j'ai mis.
Serais-je couvert de honte,
Au gré de mes ennemis?
Jamais on n'est confondu,
Quand sur toi l'on se repose ;
Mais le méchant est perdu
Qui nuit aux justes sans cause.

2. O Dieu! montre-moi la voie
Qui seule conduit à toi ;
Fais que je marche avec joie
Dans les sentiers de ta loi ;
Fais que je suive toujours
De ta vérité la route,
Toi qui de ton prompt secours
Veux que jamais je ne doute.

3. Souviens-toi de ta clémence,
  Car elle fut de tout temps ;
  Prends pitié de ma souffrance,
  C'est ta grâce que j'attends.
  Mets loin de ton souvenir
  Les péchés de ma jeunesse,
  Et daigne encor me bénir,
  Seigneur, selon ta promesse.

4. Dieu fut toujours véritable,
  Bon et juste ; il le sera,
  Et du pécheur misérable
  La voie il redressera.
  Il fera tenir aux bons
  Une conduite innocente,
  Et, les comblant de ses dons,
  Il remplira leur attente.

5. La vérité, la clémence,
  Sont les sentiers du Seigneur
  Pour ceux qui son alliance
  Observent de tout leur cœur.
  O Seigneur ! par ton saint nom
  Et par ta bonté suprême,
  Accorde-moi le pardon
  De ma faute, quoique extrême.

6. Qui craint Dieu, qui veut bien vivre,
  Jamais ne s'égarera ;
  Car au chemin qu'il doit suivre
  Dieu même le conduira.

A son aise et sans ennui
Il verra le plus long âge,
Et ses enfants après lui
Auront la terre en partage.

7. L'Éternel se communique
A ceux dont les cœurs sont droits;
A qui le craint, il explique
Son ordonnance et ses lois.
Je ne m'en écarte pas,
Mes yeux sont sur lui sans cesse;
Il détournera mes pas
Des piéges que l'on me dresse.

8. Jette donc sur moi la vue,
Et que ta compassion
Donne à mon âme éperdue
Quelque consolation.
Je me vois près d'expirer,
Sans secours dans ma tristesse;
O Seigneur! viens me tirer
De cette horrible détresse.

9. Fais luire sur moi ta face;
Vois ma peine et mes travaux;
Et tous mes péchés efface,
Qui m'attirent tant de maux.
Vois mes ennemis vainqueurs,
Dont le nombre est innombrable,
Et qui pour moi dans leurs cœurs
Ont une haine implacable.

10. De leurs embûches subtiles,
   Éternel! délivre-moi;
   Rends leurs efforts inutiles,
   Tout mon espoir est en toi.
   Soutiens mon intégrité,
   Protége mon innocence,
   Et, dans toute adversité,
   Sois d'Israël la défense.

Cantique 72. — AIR 72.

1. Esprit saint, Dieu puissant que méconnaît le monde,
   Ton pouvoir sur les cœurs est un secret pour lui;
   Mais l'Église est à toi, ta grâce en elle abonde,
   Ton souffle la ranime, et quand ton jour a lui,
   Sous ton divin regard elle devient féconde:
   C'est toi qui la maintiens dans une paix profonde; (bis.)
   Loin des murs de Sion le Malin s'est enfui.

2. Puissant Consolateur, que ta visite est chère!
   Esprit saint du grand Dieu, qui dira tes bontés,
   Dans la maison de deuil, au sein de la misère,
   Dans les afflictions de tous les rachetés?
   Partout où tu te rends, envoyé par le Père,
   Quel doux et pur éclat, quelle vive lumière, (bis.)
   Lorsqu'en un cœur obscur tu répands tes clartés!

3. Tout sortit de tes mains, le ciel, la terre et l'onde;
   C'est toi qui réchauffais, débrouillais le chaos.

Sans toi, même aujourd'hui, que deviendrait le monde ?
Source du mouvement, principe du repos !
Par toi l'ordre éternel se révèle et se fonde !
Oh ! qu'à ta voix enfin l'homme déchu réponde, (bis.)
Et tu feras soudain disparaître ses maux.

4. Mais ignoré du siècle en ta sainte influence,
 Tu ne trouves, Seigneur, que des cœurs endormis,
 Fermés à ton amour, prêts à la résistance ;
 Point de docilité, d'esprit doux et soumis.
 Ne te retire pas pour prix de cette offense !
 Esprit saint, sois aussi l'Esprit de patience ; (bis.)
 Repoussé, frappe encore à ces cœurs ennemis !

5. Oh ! si toujours vers toi s'élevait la prière,
 Si ton peuple fidèle, attentif à ta voix,
 Te rendait, en tout temps, l'obéissance entière,
 Renonçant au péché pour observer tes lois,
 Et suivant le Sauveur dans sa sainte carrière,
 On verrait les mondains admirer la lumière, (bis.)
 Qui du sein de la nuit a brillé tant de fois.

6. Jésus serait connu, gloire serait au Père ;
 L'Évangile annoncé changerait les humains ;
 Les jours heureux d'Éden renaîtraient sur la terre ;
 L'Éternel sourirait à l'œuvre de ses mains.
 Seigneur, tu l'as promis. L'heure, c'est ton mystère,
 Mais ta fidélité demeure tout entière : (bis.)
 Accomplis ta promesse et rends tes faits certains !

7. Viens à notre secours, oh ! viens, Esprit de grâce !
 Donne-nous avant tout de savoir t'invoquer ;

Dicte-nous l'oraison dont grande est l'efficace;
Excite en nous ces cris qui seuls font triompher;
Dans le sang de l'Agneau tous nos péchés efface,
Et renouvelle enfin cette foi qui nous place (bis.)
Au rang des bienheureux que tu veux couronner.

Cantique 75. — AIR 73.

1. C'est dans la paix que tu dois vivre,
Enfant de Dieu, disciple du Sauveur.
Par son Esprit ton âme doit le suivre
   Sur le sentier de la douceur.
Si contre toi s'élève quelque offense,
Si l'on te hait, si l'on veut t'opprimer,
   Ferme ton cœur à la vengeance,
   Comme ton Dieu tu dois aimer.

2. Bien loin de toi que toute haine,
Que tout dépit soit toujours repoussé;
Souffre en repos et l'insulte et la peine,
   Et sans orgueil sois abaissé.
Oui, pour Jésus, pour ce Roi débonnaire,
Reçois le coup le plus humiliant.
   Bois jusqu'au fond la coupe amère;
   Comme ton Dieu sois patient.

3. Ne sais-tu pas quelle est sa grâce?
Que de péchés son amour t'a remis!
Qu'ainsi jamais ton support ne se lasse
   Envers tes plus grands ennemis.

S'ils sont cruels, si leurs haines s'attisent,
De ta bonté rouvre-leur le trésor.
 S'ils sont hautains, s'ils te méprisent,
 Comme ton Dieu pardonne encor.

4. Ce n'est pas toi que hait le monde :
C'est ton Sauveur qu'ils ne connaissent pas.
Ah ! plains-les donc ; leur misère est profonde :
 Contre Dieu se lève leur bras.
Tends-leur la main au bord du précipice ;
S'ils sont tombés, cours et sois leur soutien ;
 Et pour punir leur injustice,
 Comme ton Dieu, fais-leur du bien.

Cantique 74. — AIR 74.

1. O Dieu très bon ! tu vois les maux sans nombre
  De ton enfant ;
Il vient à toi, couvre-le de ton ombre,
  Sois son garant !

2. Puisque Jésus pour les siens est sans cesse
  Un sûr rocher,
Pourquoi craindrais-je, au fort de la détresse,
  D'en approcher ?

3. Pour ses élus toujours il intercède
  Auprès de Dieu ;
Et nul ne perd, si Jésus est son aide,
  Un seul cheveu.

4. Ne crains donc plus, ô mon âme inquiète !
  Le lendemain.
 Recherche Dieu ! Toute grâce parfaite
  Vient de sa main.

5. Mes maux sont grands, plus grands qu'on ne peut dire,
  Mais Dieu le sait.
 A mon bonheur toute chose conspire
  Par son décret.

Cantique 75. — AIR 75.

1. Dieu nous veuille être favorable,
  Nous bénissant par sa bonté ;
  Dieu veuille de sa face aimable
  Répandre sur nous la clarté ;
   Afin qu'avec joie
   Son salut se voie
   Par tous les humains.
   Que chacun l'adore
   Et que nul n'ignore
   L'œuvre de ses mains.

2. Tous les peuples viendront te rendre
  Les hommages qui te sont dus ;
  Seigneur ! on les verra répandre
  Partout le bruit de tes vertus ;
   Car ta Providence
   Sans cesse dispense

Ses bienfaits à tous ;
Et, dans tes ouvrages,
Montre aux plus sauvages
Un Dieu juste et doux.

3. Grand Dieu ! tous les peuples du monde
Chanteront ton nom glorieux ;
La terre en fruits sera féconde,
Ta main nous bénira des cieux.
Du Dieu qui nous aime
La bonté suprême
Nous fait prospérer ;
Tout ce qui respire
Dans son vaste empire
Le doit révérer.

Cantique 76. — AIR 76.

1. Ah ! pourquoi l'amitié gémirait-elle encore
Sur ceux qui dans l'exil comme nous dispersés,
D'un jour consolateur ont vu briller l'aurore
Et que vers Canaan Dieu lui-même a poussés ?
Affranchis avant nous du mal qui nous dévore,
Ils ne sont pas perdus, ils nous ont devancés. (*bis*.)

2. Oh ! combien ici-bas pesait à leur faiblesse
Ce fardeau de chagrins, sur leur tête amassés !
Et que leur pauvre cœur comptait avec tristesse
Tant d'heures, tant de jours dans la douleur passés !
Nouveau-nés de la tombe et parés de jeunesse,
Ils ne sont pas perdus, ils nous ont devancés. (*bis*.)

6.

3. Qu'il est doux, dans les cieux, le réveil des fidèles !
Qu'avec ravissement, autour de Dieu pressés,
Ils unissent au son des harpes immortelles
Les hymnes de l'amour ici-bas commencés !
Amis, joignons nos voix à leurs voix fraternelles :
Ils ne sont pas perdus, ils nous ont devancés. (*bis*.)

4. Le péché ni la mort ne sauraient les atteindre
Dans la haute retraite où Dieu les a placés ;
Leur tranquille regard contemple, sans les craindre,
Sous les pas des humains tant de piéges dressés.
Leur bonheur est au comble, et nous pourrions les plaindre !
Ils ne sont pas perdus, ils nous ont devancés. (*bis*.)

5. Puisse la même foi qui consola leur vie,
Nous ouvrir les sentiers que leurs pas ont pressés,
Et, dirigeant nos pieds vers la sainte patrie,
Où leur bonheur s'accroît de leurs travaux passés,
Nous rendre ces objets de tendresse et d'envie,
Qui ne sont pas perdus, mais nous ont devancés. (*bis*.)

6. Quand le bruit de tes flots, l'aspect de ton rivage,
O Jourdain ! nous diront : vos travaux sont cessés !
Au pays du salut, conquis par son courage,
Jésus nous recevra, triomphants et lassés,
Près de ces compagnons d'exil et d'héritage,
Qui ne sont pas perdus, mais nous ont devancés. (*bis*.)

Cantique 77. — AIR 77.

1. Peuple dispersé sur la terre,
Pauvre peuple de Dieu qui veux t'y réunir,
   A peine y peux-tu parvenir ;
   Trop d'ennemis t'y font la guerre.
     Pauvre peuple de Dieu ! (*bis.*)

2. Mais d'où te vient tant de faiblesse?
Ce grand Dieu que tu sers, n'est-il plus ton appui ?
   N'as-tu plus ton espoir en lui,
   Dans son amour, dans sa promesse?
     Réponds, peuple de Dieu ! (*bis.*)

3. Quoi ! sa main est-elle impuissante?
Le bras qui soutient tout, est-ce un bras raccourci?
   N'accorde-t-il plus à ton cri
   Qu'une aide trop insuffisante?
     Oh ! non, peuple de Dieu ! (*bis.*)

4. Pourquoi redouter des obstacles
Qu'un seul mot de sa bouche aurait su renverser?
   Pourquoi ne plus se rappeler
   Que notre Dieu fait des miracles?
     Pourquoi? peuple de Dieu ! (*bis.*)

5. Oui, sa promesse est efficace ;
Oui, de Jacob toujours il exauce les vœux ;
   De l'enfer il éteint les feux,
   Et fait partout régner sa grâce,
     Pour toi, peuple de Dieu ! (*bis.*)

6. Peuple combattant sur la terre,
Peuple de Dieu, crois donc ! Croire, c'est triompher.
Ne doute plus de remporter
Le prix de cette sainte guerre.
Oui, crois, peuple de Dieu ! (*bis*.)

Cantique 78. — AIR 78.

1. O Seigneur ! bénis la parole
Que nous venons d'ouïr.
Ne permets pas qu'elle s'envole
De notre souvenir !

2. Jaloux de ta sainte influence,
Trop souvent le Malin
Accourt et ravit la semence
Que répandit ta main.

3. Trop souvent les soucis du monde
Ou ses biens sans valeur,
Détruisant sa vertu féconde,
L'étouffent dans le cœur.

4. Trop souvent elle est sans racine
En un terrain pierreux ;
Le soleil vient : elle décline
Sous l'ardeur de ses feux.

5. Ah ! plutôt que ton Évangile
S'emparant de mon cœur,
Chaque grain en rapporte mille
A ta gloire, ô Seigneur !

Cantique 79. — AIR 79.

1. Je n'ai plus de repos ;
   La douleur qui me presse,
   L'angoisse et la détresse
   Ont consumé mes os.
   Ma pauvre âme incertaine,
   O Jésus ! peut à peine
   Soupirer après toi ;
   Soutiens ma faible foi.

2. Ainsi parlait mon cœur,
   Quand, sur ma triste route,
   La sombre nuit du doute
   Me cachait le Sauveur.
   Languissant, dans l'attente,
   Et saisi d'épouvante,
   Mes yeux cherchaient Jésus,
   Et ne le trouvaient plus.

3. Mais ta fidélité,
   Sauveur plein de clémence !
   Vint crier délivrance
   A mon cœur agité.
   Quelle ineffable joie
   Resplendit sur ma voie,
   Dans le moment heureux
   Où tu comblas mes vœux !

4. De mon profond ennui,
   Par ton regard aimable,

O Sauveur charitable !
Tu dissipas la nuit ;
Et ta douce lumière
Au sein de ma misère
Vint apporter la paix
Pour mon âme à jamais.

5. Si maintenant mon cœur
Se revoit misérable,
Perfide et condamnable,
Ton sang, ô mon Sauveur !
Me découvre la trace
Du trône de la grâce ;
Et ton amour me dit :
Ma grâce te suffit !

Cantique 80. — AIR 80.

1. Oh ! combien grand est le mystère
Que le ciel révèle à la terre !
Dieu s'est fait homme pour mourir.
Emmanuel est l'ADMIRABLE,
Égal au Père, mais semblable
Aux fils d'Adam qui vont périr.

2. Il était avant la lumière ;
DE L'ÉTERNITÉ C'EST LE PÈRE,
Et les siècles forment sa cour.
Qui pourra dire sa durée ?

D'âge en âge elle est assurée ;
Mille ans pour lui sont comme un jour.

3. Il vient précédé des oracles,
Accompagné par les miracles,
Sans éclat, bien que TOUT-PUISSANT.
Il parle, et sa voix fait connaître
A l'univers le divin maître
Qui le fit sortir du néant.

4. L'Esprit de force, de science,
De sagesse et d'intelligence
Repose à toujours sur Jésus.
Celui que consulte le Père,
Soit qu'il crée ou qu'il régénère,
Est LE CONSEILLER des élus.

5. Mais quoi ! l'on hâte son supplice !
On accomplit le sacrifice !...
O terre ! il te faut rendre un mort !...
Le Juste que ce peuple tue
Est le Scilo dont la venue
Fit voir aux hommes LE DIEU FORT.

6. Il naît !... Il meurt !... Il ressuscite !...
La gloire du Fils est écrite
Et sur sa tombe et dans le ciel.
S'emparant deux fois de la vie,
PRINCE DE PAIX, il justifie
Devant Dieu l'homme criminel.

7. C'est à lui qu'appartient l'empire,
Et de lui pourtant on peut dire :

Hosanna ! L'Enfant nous est né !
Oh ! combien grand est le mystère,
Que le ciel révèle à la terre :
Le Fils de Dieu nous est donné !

Cantique 81. — air 81.

1. Il faut, grand Dieu, que de mon cœur
    La sainte ardeur
    Te glorifie ;
Qu'à toi, des mains et de la voix,
    Devant les rois
    Je psalmodie.
J'irai t'adorer, ô mon Dieu,
    En ton saint lieu,
    D'un nouveau zèle ;
Je chanterai ta vérité
    Et ta bonté
    Toujours fidèle.

2. Ton nom est célèbre à jamais
    Par les effets
    De tes paroles ;
Quand je t'invoque tu m'entends,
    Quand il est temps
    Tu me consoles.
Tous les rois viendront à tes pieds,
    Humiliés,

      Prier sans cesse,
Sitôt qu'ils auront une fois
        Ouï la voix
      De ta promesse.

3. Ils rempliront par leurs concerts
        Tout l'univers
      De tes louanges.
Les peuples qui les entendront
        Admireront
      Tes faits étranges.
O grand Dieu ! qui, de tes hauts cieux,
        En ces bas lieux
      Vois toute chose,
Quoique tu sembles être loin,
        C'est sur ton soin
      Que tout repose.

4. Si mon cœur dans l'adversité
        Est agité,
      Ta main m'appuie.
C'est ton bras qui sauve des mains
        Des inhumains
      Ma triste vie.
Quand je suis le plus abattu,
        C'est ta vertu
      Qui me relève ;
Ce qu'il t'a plu de commencer,
        Sans se lasser,
      Ta main l'achève.

Cantique 82. — AIR 82.

1. Jour du Seigneur,
    J'ouvre mon cœur
 A ta douce lumière.
    Jour solennel,
    A l'Éternel
 Consacre ma prière.

2. Dieu tout-puissant,
    Dieu bienfaisant,
 J'ai besoin de ta grâce.
    Éclaire-moi !
    Soutiens ma foi !
 Je viens chercher ta face.

3. Ta vérité,
    Ta charité,
 Brillent dans ta Parole ;
    Seule elle instruit,
    Guide et conduit
 Notre âme et la console.

4. J'entends ta voix ;
    Tes saintes lois
 Ne sont pas difficiles.
    Viens les graver,
    Les conserver
 Dans des âmes dociles.

5. Que ton Esprit,
    O Jésus-Christ !

Habite dans notre âme ;
Que ton amour,
Et nuit et jour,
L'embrase de sa flamme.

Cantique 83. — AIR 83.

1. Seigneur Jésus, Roi d'Israël,
De ton peuple entends la prière ;
Que ton Esprit, Père éternel,
Consacre aujourd'hui notre frère.
De ta part, au pauvre pécheur,
Il prêchera la délivrance.
O Dieu ! que ton amour immense
Excite et réchauffe son cœur.

2. Il doit combattre le péché,
Renverser la vaine sagesse,
Convaincre l'incrédulité ;
Il doit soutenir la faiblesse...
Mais il est pauvre, il est pécheur,
Il est faible, il n'a que misère...
O Dieu ! que ta sainte lumière
Vienne éclairer son pauvre cœur !

3. Il doit de son frère affligé
Apaiser la douleur amère ;
Au pécheur confus et troublé
Montrer la tendresse du Père.
Mais s'il fléchit sous la douleur,
S'il a besoin qu'on le console...

Alors, Seigneur! par ta Parole
Viens relever son pauvre cœur!

4. Il doit se montrer aux méchants
Débonnaire, mais sans faiblesse;
Il doit être envers tes enfants
Grave, sévère sans rudesse.
Mais il peut être sans douceur,
S'irriter, manquer de prudence...
O Dieu! viens donc, par ta puissance,
Viens diriger son pauvre cœur!

5. Il doit se charger de ta croix,
Et suivre tes traces sans crainte,
Avec force élever la voix,
Et parler au pécheur sans feinte.
Mais s'il est rempli de frayeur,
Si de crainte son cœur se glace...
Alors, Seigneur! viens, par ta grâce,
Viens affermir son pauvre cœur!

6. Que ta Parole, ô bon Jésus!
En sa bouche ait toute efficace;
Que les moqueurs soient confondus;
Que tes saints adorent ta grâce.
O Dieu! bénis tes serviteurs;
O Dieu! que ton règne s'avance;
O Dieu fort! viens avec puissance
Guérir et soumettre les cœurs!

Cantique 84. — AIR 84.

1. O Dieu de vérité, pour qui seul je soupire,
Unis mon cœur à toi par de forts et doux nœuds ;
Je me lasse d'ouïr, je me lasse de lire,
    Mais non pas de te dire :
    C'est toi seul que je veux ! } *bis.*

2. Parle seul à mon cœur, et qu'aucune prudence,
Qu'aucun autre docteur ne m'explique tes lois ;
Que toute créature, en ta sainte présence,
    S'impose le silence
    Et laisse agir ta voix ! } *bis.*

Cantique 85. — AIR 85.

1. Lorsque tu formas la matière
Soumise aux accents de ta voix ;
Lorsque, pour créer la lumière,
Tu dis ces mots : lumière, sois !
Lorsqu'en six jours tu fis le monde,
Après ces merveilleux travaux,
Seigneur, ta sagesse profonde
Nous donna le jour du repos.

2. Ce jour où resplendit ta gloire
Nous invite à la contempler ;
Il nous redit ce qu'il faut croire ;
Il nous enseigne à te parler.
Le cours de nos œuvres s'arrête
Devant la clarté de ce jour :

Ce jour sublime est une fête
Qu'il faut remplir de ton amour.

3. Ce jour fixé dans la mémoire,
Dès les temps du monde au berceau,
Est devenu le jour de gloire
Qui t'a vu sortir du tombeau.
Il nous prépare des couronnes
Comme à de glorieux vainqueurs;
Il nous dit que tu nous pardonnes,
Et parle de paix à nos cœurs.

4. Que les heures en soient bénies
Aussitôt qu'il luit à nos yeux,
Et que ses saintes harmonies
Répondent aux concerts des cieux.
Qu'il te loue et qu'il t'appartienne,
O Seigneur! qui nous l'as donné,
Et qu'avec lui ton règne vienne
Sur ce monde au vice adonné.

5. Nous accourons dans cette enceinte
Pour y penser à tes bienfaits,
Pour nous réjouir dans ta crainte,
Et chercher en toi notre paix.
La paix que ta croix nous déclare,
Enseigne-nous à l'obtenir;
Qu'ainsi ta grâce nous prépare
Pour notre éternel avenir.

6. C'est ici la porte céleste,
La sainte maison du Seigneur;

Sa majesté s'y manifeste,
Et la remplit de sa splendeur.
Cédons au transport salutaire
Dont il nous anime aujourd'hui.
Enfants de Dieu ! fuyons la terre,
Et cachons notre vie en lui.

Cantique 86. — AIR 86.

1. Viens, ô Jésus ! régner sur cette terre ;
   Viens te montrer puissant et glorieux ;
   Nous t'attendons, reviens du haut des cieux
   Sécher nos pleurs, finir notre misère. (*bis.*)

2. Ta sainteté du monde est méconnue ;
   Ton nom, ta loi, ton pouvoir, ta grandeur,
   Lui sont cachés ; il refuse en son cœur
   De te donner la gloire qui t'est due. (*bis.*)

3. L'appelles-tu par la voix des prophètes,
   Il se détourne et poursuit son chemin ;
   Lui donnes-tu, pour apaiser sa faim,
   Le pain du ciel, il demande des fêtes. (*bis.*)

4. Quand tu punis, son orgueil se courrouce ;
   Quand tu bénis, il dit : ce n'est pas toi ;
   Quand pour miroir tu lui montres ta loi,
   Il la maudit, la brave et la repousse. (*bis.*)

5. Viens donc, ô Dieu ! faire éclater ta gloire !
   Que tout pécheur, incliné devant toi,
   Te rende honneur comme à son divin Roi,
   Et, plein d'amour, célèbre ta victoire ! (*bis.*)

6. Mais par la foi ton peuple te contemple ;
   C'est sans te voir qu'il t'aime, ô Rédempteur !
   Par toi conduit, il connaît le bonheur ;
   Tu l'as, ô Dieu ! recueilli dans ton temple. (bis.)

Cantique 87. — AIR 87.

1. Seigneur ! comblé de tes largesses,
   Je crois à toutes tes promesses ;
   Tu n'es pas homme pour mentir.
   Ce n'est pas en vain qu'on t'appelle
   Le Véritable, le Fidèle,
   Car tu te souviens d'accomplir.
       O Dieu ! je m'empare
       De ce que déclare
         Ta sainte voix ;
   J'ai pour garant le Roi des rois. (bis.)

2. Tu nous as promis, Dieu suprême !
   Que tout doit, pour celui qui t'aime,
   Concourir à son plus grand bien.
   Dirigés par la main du Père,
   Les maux qui désolent la terre
   Contre ses fils ne peuvent rien.
       O Seigneur ! j'éprouve
       Qu'en toi seul se trouve
         Le vrai bonheur.
   Viens donc remplir mon faible cœur ! (bis.)

3. Mais, ô Dieu ! que ce cœur écoute
   Tes menaces que l'on redoute

Et les accents de ton courroux,
Non moins que la Bonne-Nouvelle,
Qui rafraîchit et renouvelle,
Semblable au vent subtil et doux.
  Qu'à ton Évangile
  Mon âme docile,
   Sache avec foi
Craindre, aimer et garder ta loi ! (*bis.*)

Cantique 88. — AIR 88.

1. Que de gens, ô grand Dieu !
Soulevés en tous lieux,
Conspirent pour me nuire !
Que d'ennemis jurés,
Contre moi déclarés,
S'arment pour me détruire !
Par troupes je les voi
Dire, en parlant de moi,
Pleins de haine et d'envie :
Non, le Dieu souverain
Ne lui tend plus la main ;
C'est en vain qu'il le prie.

2. Mais, ô Dieu, mon Sauveur !
Ta céleste faveur
Est toujours mon partage ;
Plus le mal est pressant,
Plus ton secours puissant
Relève mon courage.

7.

Toujours quand j'ai prié,
Toujours quand j'ai crié,
Dieu, touché de ma plainte,
Loin de me rebuter,
A daigné m'écouter
De sa montagne sainte.

3. Je me couche sans peur,
Je m'endors sans frayeur,
Sans crainte je m'éveille ;
Dieu, qui soutient ma foi,
Est toujours près de moi,
Et jamais ne sommeille.
Non, je ne craindrais pas,
Quand j'aurais sur les bras
Une nombreuse armée :
Dieu me dégagerait,
Quand même on la verrait
Autour de moi campée.

4. Viens donc, mon Dieu ! mon Roi !
Te déclarer pour moi
Dans le mal qui me presse ;
Romps leur injuste effort,
Quand, d'un commun accord,
Ils m'insultent sans cesse.
O Seigneur Éternel !
Ton amour paternel
Est seul notre défense ;
Tu nous donnes des cieux
Les trésors précieux
De la riche abondance.

Cantique 89. — AIR 89.

1. O Dieu ! viens à mon aide !
Délivre-moi, Seigneur !
Mon âme au courant cède;
Il m'entraîne, ô douleur !
Ma force est languissante,
Ma course est chancelante;
Par ta grâce puissante
Viens relever mon cœur.

2. Je n'ai point de courage
En marchant vers les cieux ;
Et, triste du voyage,
Je reporte les yeux
Vers la terre étrangère
Où, loin de toi, mon Père !
J'errais dans la misère,
Sans t'adresser mes vœux.

3. Je tourne ma pensée
Vers les jours d'autrefois,
Et mon âme angoissée
N'écoute plus ta voix.
Je délaisse et j'oublie
Ta parole de vie,
Ce pain qui fortifie
Pour accomplir tes lois.

4. Garde-moi de détresse !
O mon Dieu ! sauve-moi ;

Et sois ma forteresse,
Au jour de mon effroi.
Sois mon bien, mon partage,
L'espoir qui m'encourage,
Et le riche héritage
Que j'attends avec foi.

Cantique 90. — AIR 90.

1. C'est une chose sainte et belle
De célébrer le Souverain,
D'annoncer sa bonté fidèle
Chaque soir et chaque matin. }*bis.*

2. Que sur l'instrument à dix cordes
On psalmodie à l'Éternel;
Pour dire ses miséricordes,
Entonnons un chant solennel. }*bis.*

3. Que tes exploits sont magnifiques !
Quelle grandeur en tes desseins !
Inspire-nous de saints cantiques
Pour louer l'œuvre de tes mains ! }*bis.*

4. Tour à tour la harpe et la lyre
Accompagneront mes accents;
Mais l'insensé, dans son délire,
Rit de tes faits et de mes chants }*bis.*

5. Le méchant fleurit comme l'herbe,
Mais comme l'herbe il dépérit;

Car Dieu maudit l'homme superbe, } *bis.*
Et par son souffle il le détruit.

6. O Dieu ! ta gloire est éternelle ;
Tu renverses tes ennemis ;
Mais si tu frappes le rebelle, } *bis.*
Par ta grâce tu m'affermis.

7. Tu répandras une huile sainte
Sur la tête de ton enfant ;
Tandis qu'il s'élève sans crainte, } *bis.*
Il verra tomber le méchant.

8. Au Liban le cèdre robuste
Croît et s'affermit en son lieu :
Tel prospère et grandit le juste } *bis.*
Dans les parvis de notre Dieu.

9. Comme autrefois en leur jeunesse,
Conservant toute leur vigueur,
Chargés de fruits en leur vieillesse, } *bis.*
Les saints loueront le Seigneur.

10. Ils diront que nulle injustice
Ne peut se découvrir en lui ;
Et moi, je dis : Dieu m'est propice ; } *bis.*
Il est mon rocher, mon appui.

Cantique 91. — AIR 91.

1. Laisse-moi désormais,
   Seigneur, aller en paix;
   Car, selon ta promesse,
   Tu fais voir à mes yeux
   Le salut glorieux
   Que j'attendais sans cesse.

2. Salut qu'en l'univers
   Tant de peuples divers
   Vont recevoir et croire;
   Ressource des petits,
   Lumière des Gentils,
   Et d'Israël la gloire!

Cantique 92. — AIR 92.

1. Parle, parle, Seigneur, ton serviteur écoute;
   Je dis ton serviteur, car enfin je le suis;
   Je le suis, je veux l'être et marcher dans ta route } bis
   Et les jours et les nuits.

2. Remplis-moi d'un esprit qui me fasse comprendre
   Ce qu'ordonnent de moi tes saintes volontés,
   Et réduis mes désirs au seul désir d'entendre } bis
   Tes hautes vérités.

3. Mais désarme d'éclairs ta divine éloquence,
   Fais-la couler sans bruit au milieu de mon cœur;

Qu'elle ait de la rosée et la vive abondance } *bis.*
    Et l'aimable douceur.

4. Nul docteur ne suffit pour enseigner tes voies,
Et les sages en vain nous expliquent tes lois;
C'est toi qui les instruis, c'est toi qui les envoies, } *bis.*
    Dont je cherche la voix.

5. Comme c'est de toi seul qu'ils ont tous ces lumières
Dont la grâce par eux éclaire notre foi,
Tu peux bien sans eux tous me les donner entières, } *bis.*
    Mais eux tous rien sans toi.

6. Qu'ils parlent hautement, qu'ils disent tes merveilles,
Qu'ils déclarent ton ordre avec pleine vigueur;
Si tu ne parles point, ils frappent les oreilles } *bis.*
    Sans émouvoir le cœur.

7. Ils sèment la parole obscure, simple et nue;
Mais dans l'obscurité tu rends l'œil clairvoyant,
Et joins du haut du ciel à la lettre qui tue } *bis.*
    L'esprit vivifiant.

8. Leur bouche sous l'énigme annonce le mystère,
Mais tu nous en fais voir le sens le plus caché;
Ils nous prêchent tes lois, mais ton secours fait faire } *bis.*
    Tout ce qu'ils ont prêché.

9. Ils montrent le chemin, mais tu donnes la force
D'y porter tous nos pas, d'y marcher jusqu'au bout;
Tout ce qui nous vient d'eux ne passe pas l'écorce, } *bis.*
    Mais tu pénètres tout.

10. Silence donc, mortels, et toi, parle en leur place,
　　Éternelle, immuable, immense Vérité ;
　　Parle, que je ne meure enfoncé dans la glace ⎱ bis.
　　　　De ma stérilité. ⎰

11. Parle, parle, ô mon Dieu ! ton serviteur fidèle,
　　Pour écouter ta voix réunit tous ses sens,
　　Et trouve les douceurs de la vie éternelle ⎱ bis.
　　　　En tes divins accents. ⎰

12. Parle, pour consoler mon âme inquiétée ;
　　Parle, pour la conduire à quelque amendement ;
　　Parle, afin que ta gloire, ainsi plus exaltée, ⎱ bis.
　　　　Croisse éternellement ! ⎰

Cantique 93. — AIR 93.

1. Tu nous appelles tous à combattre sans cesse
　Contre tes ennemis dont la force et l'adresse
　　Nous font broncher à chaque pas.
　Qui choisis-tu, Seigneur, pour cette sainte guerre ?
　L'élite des humains, les justes de la terre ?
　　Non, des méchants et des ingrats.

2. Tu me choisis moi-même, aveugle de naissance,
　Esclave du péché, sans Dieu, sans espérance,
　　Faisant la guerre contre toi ;
　Mais aveugle pour qui resplendit ta lumière,
　Ennemi recueilli par toi sous ta bannière,
　　Et pécheur sauvé par la foi.

3. Que je saisisse, ô Dieu ! pour combattre sans crainte,
Le glaive à deux tranchants de ta Parole sainte,
    Qui frappe et guérit tour à tour !
Que mon bouclier soit une foi vive et pure ;
Mets autour de mes reins tes décrets pour ceinture ;
    Que mon étendard soit Amour.

4. Ainsi couvert, Seigneur ! de ta toute-puissance,
Déposant tout fardeau, tranquille je m'avance,
    Portant mes regards sur la croix.
O Chef victorieux ! mon âme te contemple ;
Tu marches devant moi, me laissant un exemple,
    Et tu me guides par ta voix.

5. Tu vins nous apporter, non la paix, mais le glaive.
    Que ton peuple, Seigneur ! n'accorde aucune trêve
    Dans le bon combat de la foi !
Nous étions les amis d'un monde qui t'outrage ;
Contre lui, Dieu puissant ! donne-nous du courage.
    Guerre au péché ! paix avec toi !

Cantique 94. — AIR 94.

1. Dieu, mon rocher, j'élève à toi mes cris ;
Ne sois pas sourd à ma vive prière ;
A m'exaucer si ton amour diffère,
Dans ma douleur je sens que je péris.

2. C'est par Jésus que je m'adresse à toi ;
C'est son nom seul, son nom que je réclame.

Ah! tu ne peux repousser aucune âme
Qui sur ton Fils fonde toute sa foi.

3. Confondrais-tu ton élu, ton enfant,
Avec celui dont le cœur hypocrite,
Feignant la paix, contre les bons s'irrite?
Aurais-je, ô Dieu! les gages du méchant?

4. Tu lui rendras selon ses propres faits;
Dans ses filets tu prendras sa malice.
Il méconnut ton œuvre et ta justice;
Ton souffle, ô Dieu! le renverse à jamais.

5. Béni sois-tu! Déjà tu m'as ouï.
Toujours en toi je trouve une retraite.
A m'affermir ta force est toujours prête :
Aussi, Seigneur! mon cœur s'est réjoui.

6. Oui, tu seras le sujet de mes chants.
Puissant Sauveur, bénis ton héritage!
Envers les tiens consomme ton ouvrage!
Exalte-les, et rends-les triomphants!

Cantique 95. — AIR 95.

1. Oui, je bénirai Dieu tout le temps de ma vie;
Les justes l'entendront:
Des glorieux transports de mon âme ravie
Ils se réjouiront. (*bis.*)

2. Chrétiens, magnifions et louons tous ensemble
   Le beau nom du Sauveur !
Ses élus, à leurs cris, sous son aile il rassemble,
   Et chasse leur frayeur. (*bis*.)

3. Dès qu'on l'a regardé dans sa vive lumière,
   On reprend tout espoir.
Cet affligé criait; Jésus, à sa prière,
   Lui montra son pouvoir. (*bis*.)

4. L'Ange de l'Éternel se campe avec puissance
   Autour de ses enfants;
Il les garde et soutient; il est leur délivrance
   Dans leurs dangers pressants. (*bis*.)

5. Venez et savourez, sous son paisible empire,
   Sa fidèle bonté.
Oh ! que l'homme est heureux qui vers Dieu se retire
   En sa calamité. (*bis*.)

6. Craignez-le, vous ses saints ! Qu'en lui soit votre attente,
   Et tout vous sourira.
Les lions auront faim ; mais votre âme contente
   De tout bien jouira. (*bis*.)

7. Enfants, écoutez-moi : sachez quelle est la crainte
   Qui se doit au Seigneur.
Je vais vous enseigner la route droite et sainte,
   Le chemin du bonheur. (*bis*.)

8. Qu'avec tous vos pensers votre bouche s'accorde;
   Du mal détournez-vous;

Attachez-vous au bien, recherchez la concorde
Et la paix avec tous. (*bis.*)

9. Les yeux de l'Éternel sur les justes s'arrêtent;
Il écoute leurs cris.
Mais contre les méchants ses jugements s'apprêtent
Pour les mettre en mépris. (*bis.*)

10. Quand l'enfant du Seigneur à son Père s'adresse,
Dieu l'exauce à l'instant,
Et par un prompt secours fait cesser la tristesse
De ce cœur repentant. (*bis.*)

11. Le fidèle ici-bas a des maux en grand nombre;
Mais le Consolateur,
L'Esprit de son Sauveur vient dissiper son ombre
Et guérir sa douleur. (*bis.*)

12. Les méchants périront dans leur propre malice,
Par le mal engloutis;
Et ceux qui sur les bons exercent l'injustice
Seront anéantis. (*bis.*)

13. Dieu protége ses saints; il rachète leur âme,
Il garde tous leurs os.
Oui, l'homme qui le craint et qui son nom réclame
Vivra dans le repos. (*bis.*)

Cantique 96. — AIR 96.

1. Seigneur mon Dieu, bénis tous ceux que j'aime,
Ces chers objets de joie et de soucis;

Deviens leur Dieu, deviens leur bien suprême ;
Que pour t'aimer nous soyons tous unis !
Quand j'ignorais mon péché, ma misère,
Quand je vivais sans Dieu, sans Rédempteur,
Je désirais pour eux richesse, honneur,
Santé, plaisirs, tous les biens de la terre.

2. Mais aujourd'hui qu'éclairé par ta grâce,
Je sais enfin discerner les vrais biens,
La paix de Dieu, la clarté de sa face,
Voilà mes vœux pour moi-même et les miens.
Exauce-les, et que dans ta Parole
Mes bien-aimés trouvent enfin Jésus.
Qui croit en lui ne sera pas confus,
Car c'est lui seul qui sauve et qui console.

3. Depuis longtemps je marche solitaire
Dans le chemin qui conduit au bonheur ;
Je suis tout seul à t'offrir ma prière ;
Nul autre cœur ne répond à mon cœur.
O mon Sauveur ! mon unique espérance !
Tu l'as connu ce triste isolement ;
Mais il n'est pas complet pour ton enfant,
Puisque Jésus souffre de sa souffrance.

4. Oui, bon Sauveur, et c'est là ta promesse,
Celui qui croit ne peut être orphelin ;
Son Dieu pour lui d'un père a la tendresse,
Et cet amour n'aura jamais de fin.
Le Tout-Puissant a pris notre nature
Pour savoir mieux nous plaindre et nous bénir ;

Plus que nous tous il a voulu souffrir,
Pour racheter sa pauvre créature.

5. Mais si pour moi je n'ai plus rien à craindre,
Si j'ai trouvé mon refuge en la foi,
Puis-je penser, sans gémir et les plaindre,
A tant d'amis qui vivent loin de toi ?
Que les rayons du Soleil de justice
Viennent enfin resplendir à leurs yeux :
Écris, Seigneur, tous leurs noms dans les cieux ;
Et qu'en leurs cœurs ton œuvre s'accomplisse.

Cantique 97. — AIR 97.

1. Béni soit à jamais le grand Dieu d'Israël,
L'auteur de tous les biens, tout-puissant, éternel,
Qui, touché de nos cris et de notre misère,
Dans nos pressants besoins s'est montré notre Père.

2. Dans ses compassions il nous a visités ;
Par son bras invincible il nous a rachetés ;
Et, malgré nos péchés, ce Dieu tendre et propice
A fait lever sur nous le Soleil de justice.

3. La maison de David, ce grand roi des Hébreux,
Nous donne, dans ce jour, un Sauveur glorieux,
Qui vient nous affranchir du funeste esclavage
Et nous faire obtenir un céleste héritage.

4. Nos pères l'attendaient ; Dieu leur avait promis
Qu'il nous protégerait contre nos ennemis

Et nous délivrerait du joug insupportable
De la loi, du péché, de la mort et du diable.

5. Au père des croyants Dieu fit même serment
Qu'il répandrait sur lui ses biens abondamment,
Que les peuples seraient bénis en sa semence
Et qu'il les recevrait dans sa sainte alliance.

6. Par son divin secours nos cruels ennemis
Seront entièrement confondus et soumis ;
Vivant sous son regard et le servant sans crainte,
Notre course sera, tous les jours, juste et sainte.

7. O bienheureux enfant ! qui sers de précurseur
Au Rédempteur du monde, et qui dois au Seigneur
Préparer le chemin, être son interprète,
Et marcher devant lui comme son grand prophète !

8. Ta voix va désormais aux peuples annoncer
Celui qui doit un jour nos péchés effacer,
L'attente d'Israël, notre Roi, le Messie,
Qui vient nous acquérir le salut et la vie.

9. Il me semble déjà que je vois ce Soleil,
Cet Orient d'en haut, dont l'éclat sans pareil
Dissipera bientôt l'obscurité profonde,
Qui depuis si longtemps a régné sur le monde.

10. Les peuples qui marchaient dans l'ombre de la mort
Vont être illuminés et changeront de sort ;
Leurs yeux seront ouverts par sa vive lumière ;
Ils connaîtront leur Dieu, leur Sauveur et leur Père.

11. Il conduira nos pas au chemin de la paix,
Et ce divin Sauveur remplira nos souhaits;
Nous l'aimerons toujours, nous lui serons fidèles,
Et nous vivrons heureux sous l'ombre de ses ailes.

Cantique 98. — AIR 98.

1. Voici les temps dont tes oracles,
Seigneur, ont prédit les miracles
Au monde sauvé par la croix. (*bis*.)
Sur les enfants et sur les pères,
Sur les servantes, sur les mères
L'Esprit saint descend à la fois
Et répand tes dons salutaires.
Accorde-nous tes dons vainqueurs;
Esprit-Saint, *descends* (*bis*) dans nos cœurs!

2. La voilà, Seigneur, ton Église
Sur le roc éternel assise,
Et, pour confondre les enfers, (*bis*.)
Ouvrant ses portes immortelles
Aux torrents pressés des fidèles,
Qui, des deux bouts de l'univers,
Y cherchent l'ombre de tes ailes.
Accorde-nous tes dons vainqueurs;
Esprit-Saint, *descends* (*bis*) dans nos cœurs!

3. Venez, innombrables familles,
Amenez vos fils et vos filles

Et de l'aurore et du couchant! (*bis*.)
Accourez dans sa vaste enceinte;
Elle est universelle et sainte ;
Elle embrasse jusqu'au méchant,
Qu'elle instruit, Seigneur, dans ta crainte.
Accorde-nous tes dons vainqueurs ;
Esprit-Saint, *descends* (*bis*) dans nos cœurs !

4. Oh ! que le Seigneur est fidèle
A la promesse solennelle
Dont il consola ses élus! (*bis*.)
Naguère incertaine et timide,
Leur âme, à cette heure, intrépide,
Proclame le nom de Jésus,
Partout où son Esprit les guide.
Accorde-nous tes dons vainqueurs ;
Esprit-Saint, *descends* (*bis*) dans nos cœurs !

5. Son règne est cet arbre sublime
Dont l'aube atteint déjà la cime,
Quand la nuit couvre encor nos yeux. (*bis*.)
Né de la plus humble semence,
Il repose le vol immense
De l'aigle en chemin pour les cieux,
Et nous montre où le ciel commence.
Accorde-nous tes dons vainqueurs;
Esprit-Saint, *descends* (*bis*) dans nos cœurs !

6. Qu'elle éclate en mille langages,
Au fond des plus lointains rivages,
La louange du Saint-Esprit ! (*bis*.)

Que des lieux où naît la lumière
Jusqu'aux climats où sa carrière
S'arrête et fait place à la nuit,
Monte au ciel la même prière :
Accorde-nous tes dons vainqueurs;
Esprit-Saint, *descends* (*bis*) dans nos cœurs!

Cantique 99. — AIR 99.

1. Tu nous aimes, Seigneur, comme Dieu, comme père;
 Ton amour tout-puissant couvre notre misère
 Et soutient notre faible cœur.
 Tu l'as offert, Seigneur, le sang qui purifie;
 Oui, par amour pour nous tu quittas cette vie,
 Que par amour tu pris, Seigneur !

2. Et près de la quitter, à cette heure suprême,
 Tu nous dis : « Aimez-vous comme moi je vous aime,
 Et qui peut aimer plus que moi !
 Aimez-vous ! c'est la loi qu'en partant je vous laisse,
 Aimez-vous ! » Qu'à ceci le monde reconnaisse,
 Si vraiment nous sommes à toi.

5. Et serions-nous à toi, si ta main paternelle
 N'eût mis en nous les traits de cet amour fidèle,
 Doux, secourable, patient?
 Rapporter tout à soi, chercher sa propre gloire,
 D'une injure, d'un tort, conserver la mémoire,
 Est-ce bien être ton enfant?

4. Bannis de nos discours les flatteuses paroles
Et la feinte amitié de ces hommes frivoles
   Qui ne peuvent aimer qu'un jour.
C'est pour le ciel qu'ici des frères se préparent;
Apprends-nous à montrer aux âmes qui s'égarent,
   Par notre zèle, notre amour.

5. O Seigneur! qu'il est doux, qu'il est bon pour des frères
De t'offrir en commun leurs vœux et leurs prières
   Et de travailler réunis;
De s'aider au combat, de partager leurs joies,
Et de marcher ensemble en ces pénibles voies
   Où tu diriges et bénis.

6. Seigneur! que ton Esprit nous exauce et nous lie;
Que, membres de ton corps et vivant de ta vie,
   Nous soyons tous plantés en toi!
Oh! chasse loin de nous la discorde et l'outrage!
Que nous soyons de Christ comme étant son ouvrage,
   Nous aimant dans la même foi!

Cantique 100. — AIR 100.

1. Dès qu'un mal cruel nous accable,
   Dieu nous tend sa main secourable;
   Souvent nous l'avons éprouvé,
   Et toujours prêt il s'est trouvé.
   Nous ne craindrons plus dans la guerre,
   Dussions-nous voir trembler la terre,

Et par des prodiges nouveaux
Les monts s'abîmer dans les eaux.

2. Dussions-nous voir les mers profondes
Bruire, écumer, enfler leurs ondes;
Et, par leur orgueilleux pouvoir,
Les plus hauts rochers se mouvoir;
Au milieu des plus grands orages,
Nos ruisseaux, gardant leurs rivages,
Réjouiront notre cité,
Où Dieu fait voir sa majesté.

3. Dans cette ville sainte et belle
Dieu fait sa demeure éternelle;
Jamais rien ne l'ébranlera;
Le Tout-Puissant la soutiendra.
Cent peuples contre nous s'émurent;
Comme des torrents ils coururent;
Du bruit des voix l'air se fendait;
Sous leurs pas la terre fondait.

4. Mais le Dieu qui préside aux armes
Fut avec nous dans nos alarmes.
Le Dieu de Jacob, le Dieu fort,
Est notre tour, notre support.
Que chacun contemple en soi-même
Ce qu'a fait son pouvoir suprême,
Les lieux aujourd'hui désertés,
Qu'on vit autrefois habités.

5. Enfin, il fait cesser la guerre,
Et donne la paix à la terre;

En tous lieux il brûle les chars,
Rompt les lances, brise les dards.
Cessez, dit-il, votre insolence;
Mortels, révérez ma puissance!
Craignez le Dieu de l'univers,
Adoré des peuples divers!

6. L'Éternel, qui préside aux armes,
Fut avec nous dans nos alarmes;
Le Dieu de Jacob, le Dieu fort,
Est notre asile et notre fort.

Cantique 101. — AIR 4.

1. Père saint, je te rends grâce!
Ta maison s'ouvre, j'y cours.
Me voici devant ta face;
Ah! que n'y suis-je toujours!
Viens à moi qui te réclame,
Viens à mes frères, mes sœurs;
A leurs âmes joins mon âme!
Fais un seul cœur de nos cœurs!

2. Mais, hélas! dans cette enceinte
Le monde encor me poursuit;
Devant ta majesté sainte
Du siècle j'entends le bruit.
Tiens donc mon âme captive;
Qu'ici, tout entière à toi,

Humble et pieuse, elle vive
De ton souffle et de sa foi!

3. Quand nous lirons ta Parole,
Ouvre nos cœurs pour l'ouïr;
Soit qu'elle frappe ou console,
Elle doit nous réjouir.
Puis, d'une voix unanime
Quand nous prîrons à genoux,
Qu'un doux espoir nous anime,
Et que l'Esprit parle en nous!

4. Du pasteur bénis le zèle,
Et, comme un bon messager,
Qu'il nous guide, sous ton aile,
Vers le céleste Berger.
Dispose-nous à le suivre,
Quand sa pieuse ferveur
Dira : Celui qui délivre,
C'est Jésus, le Dieu Sauveur.

5. O divin Fils de Marie,
Paide ici, plaide pour moi!
Le pauvre pécheur qui prie
S'approche de Dieu par toi.
Que ta parfaite clémence
Daigne encor se déployer,
Et qu'un jour plus pur commence
A luire sur mon sentier!

Cantique 102. — AIR 3.

1. Que ne puis-je, ô mon Dieu ! Dieu de ma délivrance,
Remplir de ta louange et la terre et les cieux,
Les prendre pour témoins de ma reconnaissance,
Et dire au monde entier combien je suis heureux !

2. Heureux, quand je t'écoute, et que cette Parole
Qui dit : Lumière, sois ! et la lumière fut,
S'abaisse jusqu'à moi, m'instruit et me console,
Et me dit : C'est ici le chemin du salut !

3. Heureux, quand je te parle, et que, de ma poussière,
Je fais monter vers toi mon hommage ou mon vœu,
Avec la liberté d'un fils devant son père,
Et le saint tremblement d'un pécheur devant Dieu !

4. Heureux, lorsque ton jour, ce jour qui vit éclore
Ton œuvre du néant et ton Fils du tombeau,
Vient m'ouvrir les parvis où ton peuple t'adore,
Et de mon zèle éteint rallumer le flambeau !

5. Heureux, quand sous les coups de ta verge fidèle
Avec amour battu je souffre avec amour ;
Pleurant, mais sans douter de ta main paternelle ;
Pleurant, mais sous la croix ; pleurant, mais pour un jour.

6. Heureux, lorsqu'attaqué par l'ange de la chute,
Prenant la croix pour arme et l'Agneau pour Sauveur,
Je triomphe à genoux, et sors de cette lutte
Vainqueur, mais tout meurtri, tout meurtri, mais vainqueur.

7. Heureux, toujours heureux ! J'ai le Dieu fort pour père,
Pour frère Jésus-Christ, pour guide l'Esprit-Saint !
Que peut ôter l'enfer, que peut donner la terre,
A qui jouit du ciel et du Dieu trois fois saint ?

Cantique 103. — AIR 10.

1. Venez, ô vous dont la souffrance
Ferme le cœur à l'espérance,
Esclaves de la vanité !
Venez aux eaux qui rafraîchissent
Et dans l'éternité jaillissent,
Vous abreuver de vérité !

2. Depuis que votre cœur se sonde,
Vous savez ce que peut le monde
Pour le vrai repos de vos jours.
Cessez de suivre cette voie ;
Votre Dieu vous offre sa joie :
Le repousserez-vous toujours ?

3. L'Eternel, le Dieu de la vie,
Tromperait-il quand il convie
Les âmes au festin des cieux ?
Est-il semblable aux fils des hommes,
Faible, impuissant comme nous sommes,
Pour guérir et pour rendre heureux ?

4. Ah ! si vous connaissiez sa grâce,
Si le doux regard de sa face

Avait rencontré votre cœur ;
Ce cœur, délivré de ses chaînes,
Fuyant la source de ses peines,
S'égaierait en son Sauveur.

Cantique 104. — AIR 28.

1. O Dieu qui créas l'univers,
   Avant que les mondes divers
   Qui peuplent aujourd'hui l'espace
   Du néant ne fussent sortis,
   De toute éternité, tu dis :
   A mes élus je ferai grâce !

2. C'est pour ces hommes de ton choix
   Que Jésus, mort sur une croix,
   Est ressuscité dans la gloire ;
   C'est eux aussi que l'Esprit-Saint,
   Sans se lasser, presse et contraint
   D'aimer, d'espérer et de croire.

3. De ces élus quel est le nom ?
   Sont-ce les hommes de renom,
   Les grands, les justes de la terre ?
   C'est Pierre qui trois fois tomba,
   Le séducteur de Bathscéba,
   Et le meurtrier du Calvaire.

4. Ce sont tous ceux dont le Seigneur,
   Dans son amour, soumet le cœur,

Sans attendre qu'on le lui donne.
Fussent-ils teints de sang humain,
Du moment qu'il leur tend la main,
Ils sont changés, il leur pardonne!

5. O Dieu! si tu nous as élus,
Si tu nous sauvas par Jésus,
Si par l'Esprit tu nous appelles;
Affermis nos cœurs dans la foi,
Augmente notre amour pour toi,
Rends-nous de plus en plus fidèles!

6. Seigneur, qui nous accusera?
Quel juge nous condamnera?
Christ est celui qui justifie!
Nos péchés méritent la mort;
Mais nous comptons sur le Dieu fort,
Qui nous a destiné la vie.

Cantique 105. — AIR 66.

1. Peuples, venez, et que l'on donne
Des louanges à l'Éternel;
Qu'en tous lieux son saint nom résonne
Par un cantique solennel.
Venez lui dire : O Dieu terrible!
Qu'on te voit grand en tous tes faits!
L'ennemi, qu'on crut invincible,
S'abaisse pour avoir la paix.

2. Que ta majesté glorieuse
   Soit adorée en l'univers !
   Que ta louange précieuse
   Soit la matière de nos vers !
   Peuples, rendez-lui votre hommage,
   Et jugez d'un commun accord,
   Si tant de merveilleux ouvrages
   Sont d'un autre que du Dieu fort.

3. Israël vit la mer profonde
   Tout à coup tarir à ses yeux ;
   Le fleuve retenant son onde,
   Le peuple passa tout joyeux.
   Sa Providence universelle
   Regarde sur les nations,
   Et du superbe et du rebelle
   Il rend vaines les passions.

4. Hâtez-vous, peuples, qu'on vous voie
   En tous lieux bénir le Seigneur !
   Faites retentir avec joie
   Un hymne saint à son honneur !
   C'est lui qui garde notre vie,
   Qui conduit sûrement nos pas ;
   C'est lui dont la force infinie
   Nous a garantis du trépas.

5. Seigneur, ta justice divine
   Voulut épurer notre foi,
   Comme l'argent que l'on affine
   Lorsqu'il n'est pas de bon aloi.

Tu nous avais mis dans les piéges
Que nous tendaient nos ennemis;
Au joug de leurs lois sacriléges
Ton courroux nous avait soumis.

6. Ces méchants, nous courbant la tête,
Nous faisaient souffrir mille maux,
Et, dans le fort de la tempête,
Traverser les feux et les eaux.
Enfin, délivrés par ta grâce,
Nous voyons des jours plus heureux;
Et moi, j'irai devant ta face,
O Seigneur! te rendre mes vœux;

7. Ces vœux ardents, qu'en ma souffrance
Et durant mes malheurs passés,
Mon cœur formait en ta présence
Et que ma bouche a prononcés.
Tu verras, sous tes yeux propices,
L'holocauste se consumer,
Et des agneaux et des génisses
La chair et la graisse fumer.

8. Vous qui révérez sa puissance,
Soyez-moi témoins, en ce lieu,
De la juste reconnaissance
Que j'ai des bienfaits de mon Dieu.
Quand ma bouche fait sa prière,
Ce grand Dieu répond à ma voix;
Ainsi, chaque jour, j'ai matière
De le bénir cent et cent fois.

9. S'il eût connu que l'injustice
   Se fût mêlée à mes désirs,
   Bien loin de m'être si propice,
   Il eût méprisé mes soupirs ;
   Mais si vers lui je me retire,
   Aussitôt il me tend la main ;
   Et quoi que mon âme désire,
   Mon Dieu me l'accorde soudain.

10. Bénis donc ce grand Dieu, mon âme !
    Lui, qui m'a toujours écouté,
    Et qui, lorsque je le réclame,
    Jamais ne retient sa bonté.

Cantique 106. — AIR 22.

1. Est-il bien vrai, Seigneur, qu'un fils de la poussière
   A ton festin d'amour par toi soit invité ?
   Pour titre à tes faveurs je n'ai que ma misère :
   Mon seul droit c'est ta charité ! (*bis.*)

2. Du Dieu qui nous créa consolante assurance :
   Lui-même s'est chargé de toutes nos langueurs ;
   Pour prix de tant d'amour et de tant de souffrance,
   Il ne demande que nos cœurs. (*bis.*)

3. Je viens donc altéré de pardon, de justice,
   Recevoir de ta main les symboles touchants
   Qui retracent ici ton sanglant sacrifice
   Au souvenir de tes enfants. (*bis.*)

4. Toi qui m'as tant aimé, qui lavas ma souillure,
   Qui dans mon cœur troublé fis descendre la paix,
   O Jésus, pain du ciel, deviens ma nourriture,
      Et qu'en toi je vive à jamais! (*bis*.)

5. Oui, Seigneur, en toi seul je veux puiser ma vie;
   J'ai vécu trop longtemps du monde et du péché.
   A ta faible brebis ouvre ta bergerie,
      Et dans ton sein tiens-moi caché. (*bis*.)

Cantique 107. — AIR 6.

1. Une voix dans mon cœur s'éveille
   Pour me dire dès le matin :
   Cherche ton Sauveur de la veille;
   C'est le même le lendemain.

2. Me voici, cherchant ta présence
   A l'instant où renaît le jour,
   Heureux de sentir l'existence
   Et de retrouver ton amour.

3. Mon œil se plaît à la lumière
   Moins que mon cœur à t'adorer,
   Lorsque, cédant à ma prière,
   Ta grâce me vient éclairer.

4. Qu'elle abonde en moi, qu'elle abonde
   Durant le beau jour que je vois,
   La grâce puissante et féconde
   Qui soumet les cœurs à ta voix.

5. Ce jour paisible qui se lève,
   Pour les uns rempli de faveurs,
   Avant que sa course s'achève,
   Aura vu couler bien des pleurs.

6. S'il me faut répandre des larmes,
   Préserve mes yeux d'en verser
   Pour le monde et pour ses alarmes :
   Garde mes pleurs de t'offenser.

7. Si dans ta bonté tu m'envoies
   Des sujets de me réjouir,
   Garde aussi mon cœur de ces joies
   Que doit suivre le repentir.

8. Il est en ce monde, où gémissent
   Nos cœurs enclins à s'égarer,
   Des peines qui nous réjouissent,
   Des plaisirs qui nous font pleurer.

9. Ta grâce est la flamme où s'épure
   Un cœur vers la terre penché ;
   C'est l'eau qui lave sa souillure,
   C'est Dieu, vainqueur de son péché.

10. Ranime les feux de mon zèle,
    Éclaire ma vie à jamais,
    Sainte lumière du fidèle,
    Soleil de justice et de paix !

Cantique 108. — AIR 41.

1. Grand Dieu, dont les bontés égalent la puissance
Et qui par ta vertu soutiens cet univers,
Qui pour tes bien-aimés maintiens ton alliance,
Et qui pour les méchants as créé les enfers !

2. Nous sommes effrayés du nombre de nos crimes,
Et nous avons, hélas ! justement mérité
D'être jetés un jour dans ces affreux abîmes
Où tu veux des démons punir l'impiété.

3. Nous avons tous été des ingrats, des rebelles ;
Nous avons transgressé tes saints commandements,
Nous avons méprisé tes bontés paternelles ;
Et nous n'avons pas craint tes justes châtiments.

4. Nous avons été sourds à la voix des prophètes ;
Nous avons refusé d'ouïr tes serviteurs ;
De tes ordres sacrés ces divins interprètes
N'ont pu nous émouvoir ni pénétrer nos cœurs.

5. Nous nous condamnons tous en ta sainte présence ;
Tu peux nous accabler de ton bras tout-puissant ;
Nous sommes sans excuse, et notre conscience
Nous contraint d'avouer qu'aucun n'est innocent.

6. O Dieu ! toi seul es juste, et nous sommes coupables.
Tu nous vois tout confus de nos déréglements ;
Mais pardonne, Seigneur ! à tant de misérables,
Et n'exécute pas sur nous tes jugements.

7. Écoute, ô Dieu tout bon ! nos cris et nos requêtes,
Et prête ton oreille à la voix de nos pleurs ;
Détourne tous les coups qui menacent nos têtes,
Et par un doux regard dissipe nos frayeurs.

8. Sur ta chère Sion fais reluire ta face ;
Pour l'amour de ton Christ, le roi de l'univers,
Pour l'amour de toi-même, Éternel ! fais-nous grâce,
Et de tant de captifs daigne briser les fers.

9. Protecteur de Jacob, puissant maître du monde !
De ton peuple affligé vois l'état malheureux,
Les souffrances, l'angoisse et la douleur profonde ;
Entends sa triste voix, exauce-la des cieux.

10. Nous ne nous fondons pas sur nos propres justices ;
Nous sommes convaincus de notre indignité ;
Nous méritons, ô Dieu ! les plus cruels supplices ;
Mais nous attendons tout de ta grande bonté !

Cantique 109. — AIR 17.

1. Souvent, ô mon divin Sauveur !
Tu daignes réjouir mon cœur
  Par ta sainte Parole ;
Et ton Esprit de vérité,
Répandant sur moi sa clarté,
  Me guide et me console.

2. Ah ! cependant jusqu'à ce jour,
Pour toi j'éprouve peu d'amour ;

Je cherche peu ta face.
Ce n'est pas toi, mais c'est ta paix
Qui pour mon âme a des attraits,
Auteur de toute grâce !

3. Loin de toi mon cœur est encor,
Et sur la terre est mon trésor ;
Ma céleste patrie
N'est point l'objet de mes soupirs ;
Et mes craintes et mes désirs
Sont tous pour cette vie.

4. Seigneur, toi dont la charité
A si grand prix m'a racheté,
Achève ton ouvrage :
Ajoute l'amour à ma foi,
Afin que désormais sur moi
Tu règnes sans partage !

Cantique 110. — AIR 19.

1. O Jésus ! dans ta bergerie
Introduis tes heureux troupeaux,
Garde ton Église chérie,
Et nous pais comme tes agneaux.
Que tous les enfants de lumière,
Remplis de ton Esprit d'amour,
S'entr'aiment partout sur la terre
Jusqu'au moment de ton retour.

2. Alors, ressuscités en gloire,
Les saints, ton peuple racheté,
Triomphant tous par ta victoire,
Contempleront ta majesté.
Aussi purs que le sont les anges,
Unis à ta divinité,
Nous célébrerons tes louanges
Dans l'éternelle charité.

3. Que cette sublime espérance,
Chrétiens bien-aimés du Seigneur,
Sur nous agisse avec puissance,
Et n'ayons tous qu'un même cœur.
Bientôt la céleste patrie
Nous réunira pour jamais;
Passons donc ici-bas la vie
Dans la foi, l'amour et la paix!

Cantique 111. — AIR 3.

1. Elle a ses fondements sur les saintes montagnes,
La ville dont mon peuple est l'heureux habitant.
Quand Dieu baisse les yeux sur nos vastes campagnes,
La terre à ses regards n'offre rien de si grand. (*bis.*)

2. Ton nom doit retentir à toutes les oreilles,
O cité glorieuse où Dieu donne sa loi!
Que de prospérités et quel cours de merveilles
Ce Dieu qui te chérit nous a prédit de toi! (*bis.*)

3. Que des bords de l'Euphrate on accoure vers elle !
Que des rives du Nil on m'y vienne adorer !
Que le fier Tyrien, le Philistin rebelle,
Assiégent tous sa porte et s'empressent d'entrer ! (bis.

4. Dieu l'a dit : Tu verras toute plante étrangère
Pousser des rejetons sous ton climat heureux ;
Des enfants inconnus t'appelleront leur mère ;
Que tes murs contiendront de citoyens nombreux! (bis.

5. Qui les pourra compter ? Celui qui, dans son livre,
Lui-même écrit déjà tous leurs noms de sa main.
Qu'à la joie, ô Sion ! tout ton peuple se livre ;
Le bonheur et la paix résident dans ton sein. (bis.)

Cantique 112. — AIR 2.

1. Gloire, gloire à l'Éternel !
   Qu'un cantique solennel (bis.)
   De nos cœurs monte à son trône !
   Quand il crée, oh ! qu'il est grand ! (bis.)
   Qu'il est juste en punissant !
   Qu'il est bon quand il pardonne !

2. Il parle !... Cet univers
   Se lève aux puissants concerts (bis.)
   De sa parole vivante ;
   Et des astres radieux (bis.)
   Sa main jette dans les cieux
   La poussière étincelante !

3. Il accuse !... et le pécheur
   Devant cet accusateur (*bis.*)
   Sent la suprême misère ;
   Il s'écrie, en son effroi : (*bis.*)
   Montagnes, tombez sur moi !
   Couvrez-moi de sa colère !

4. Mais l'âme à qui le Seigneur
   S'est donné pour Rédempteur (*bis.*)
   Goûte une paix ineffable.
   Objet d'un si grand amour, (*bis.*)
   Elle éprouve un doux retour
   Pour ce Sauveur adorable.

5. O Dieu ! que les rachetés
   Toujours chantent les bontés (*bis.*)
   De celui qui leur pardonne !
   Gloire, gloire à l'Éternel ! (*bis.*)
   Ce cantique solennel
   Montera jusqu'à son trône.

Cantique 113. — AIR 95.

1. O Jésus ! que ton nom, pour une âme fidèle,
      Est grand et précieux !
   Quels bienfaits, quel amour, quelle grâce il rappelle ;
      Quel salut glorieux !

2. Toi, Fils du Dieu très haut, toi, bien-aimé du Père,
      Toi, saint Emmanuel !

Tu nous as apporté, du sein de la lumière,
    Les dons de l'Éternel.

3. A nous pauvres pécheurs, à nous race coupable
    Et digne de la mort,
Tu vins manifester la faveur ineffable
    Et la paix du Dieu fort !

4. Oui, c'est à nous méchants, à nous peuple rebelle,
    Que s'adresse ta voix ;
Et tu nous dis : Entrez dans la vie éternelle,
    En nous montrant ta croix.

5. En toi tu nous revêts de la sainte justice ;
    En toi, puissant Sauveur !
Par ton abaissement et par ton sacrifice,
    Triomphe notre cœur.

6. Regarde donc vers nous, Rédempteur charitable !
    Fidèle et bon berger !
Et fais-nous savourer ta grâce inépuisable,
    Que rien ne peut changer !

7. C'est à toi, notre époux, qu'appartiennent nos âmes
    Tout notre être est à toi.
De ton amour en nous répands les vives flammes,
    Saint et glorieux roi !

8. Tu dois venir, ô Christ, dans ta toute-puissance
    Pour juger les humains ;
Et c'est toi qui soutiens notre frêle existence
    Et nos jours incertains.

9. Ah ! tourne nos pensers vers l'heure solennelle
Où, quittant ces bas lieux,
Nous irons t'adorer dans la gloire immortelle
Du royaume des cieux.

Cantique 114. — AIR 10.

1. A la fin de cette journée
Que tes bienfaits ont couronnée,
Et qui ne doit pas revenir,
Seigneur, chargé de tes largesses,
Et plein de foi dans tes promesses,
Je m'arrête pour te bénir.

2. Tous les dons, soutiens de la vie,
Les plaisirs qui l'ont embellie,
Mes jeux, mes progrès, ma santé,
Mon bonheur de fils et de frère,
Les biens que j'ai, ceux que j'espère,
Je ne les dois qu'à ta bonté.

3. Si j'ai repoussé l'artifice,
Si j'ai su triompher du vice
Au fond de mon cœur soulevé;
Si, malgré lui, fuyant le blâme,
J'ai gardé la paix de mon âme,
C'est ta grâce qui m'a sauvé.

4. Devant ta majesté divine,
Mon cœur humilié s'incline.

Aux dangers du jour arraché,
Mille dangers, jusqu'à l'aurore,
Peuvent me tourmenter encore,
Et m'abîmer dans le péché.

5. Pourrais-je, dans ces heures sombres,
Où la nuit nous jette ses ombres
Comme des vêtements de deuil,
Oublier le Saint et le Juste,
Qui, sur son tribunal auguste,
M'attend au delà du cercueil?

6. En présence de ces ténèbres,
Assiégé d'images funèbres,
De fantômes environné,
Frappé de ce triste silence,
Sans raison, sans foi, sans prudence,
Que je me sens faible et borné!

7. Si tu créas le jour sans ombre,
Tu créas aussi la nuit sombre,
Comme lui riche de tes dons.
La nuit fait parler ta voix sainte
Pour nous pénétrer de ta crainte
Et du besoin de tes pardons.

8. Me voici donc, ô Dieu que j'aime!
Implorant ta bonté suprême
Dans les mystères de la nuit;
Me voici, faible et solitaire,
Appelant ta main tutélaire,
Qui me rassure et me conduit.

9. Des sens et du jour séparée,
   Aux secrets du sommeil livrée,
   Mon âme éteindra son flambeau ;
   Et mon corps, comme elle paisible,
   Pressera la couche insensible
   Qui le doit livrer au tombeau.

10. Veille pour moi quand je sommeille ;
    Si mon âme à demi s'éveille
    En proie aux songes mensongers,
    Garde-la de t'être infidèle,
    Et daigne alors prendre soin d'elle
    Par des songes purs et légers !

11. Que muet et sourd sur ma couche,
    J'aie encor ton nom à la bouche
    Dans les profondeurs du sommeil ;
    Et que ce saint nom que j'adore,
    Seigneur, soit le premier encore
    Que je retrouve à mon réveil !

12. J'abandonne ainsi tout mon être
    Au Dieu qui découvre et pénètre
    Les secrets de l'obscurité.
    Ta grâce sur moi se déploie
    En trésors de paix et de joie,
    D'innocence et de vérité.

13. Loin des objets de ma tendresse,
    Bannis les dangers qui sans cesse
    Nous cherchent la nuit et le jour.
    Viens sous le toit de nos demeures,

Avec le sommeil sur nos heures
Verser la paix de ton amour.

14. Que cette nuit touche et console
Ceux qui méditent ta Parole,
Les pauvres et les affligés ;
Qu'elle soit douce à la souffrance ;
Qu'elle ouvre un long champ d'espérance
Aux captifs de chaînes chargés.

15. O Seigneur ! prends pitié du monde !
Il est une nuit plus profonde
Que ta grâce peut dissiper.
Couvre les pécheurs de ton aile,
Avant que la nuit éternelle
Tombe et les vienne envelopper.

Cantique 115. — AIR 34.

1. Je veux célébrer ta victoire,
Jésus, ô mon libérateur !
Homme d'opprobre et de douleur,
Tu règnes couronné de gloire !
Rédempteur d'un peuple éternel,
Tu seras le juge du monde.
Celui qui de son sang t'inonde,
O terre ! est le Prince immortel.

2. Le méchant dit : Joie illusoire !
Jésus dort avec nos aïeux.

Et pourtant la terre et les cieux
Sont partout remplis de ta gloire !
Et quand du monde et de l'enfer
Passera la grandeur impie,
Tu resteras, Prince de vie !
Comme un roc au sein de la mer.

3. Chante, Sion ! Église sainte
Qu'à Jésus donna l'Éternel,
Et qui, sur ce roc immortel,
De Satan peux braver l'atteinte.
Où donc sont-ils ceux que tu crains ?
Pour toi vainquit le Dieu suprême.
Jésus-Christ vit ; tu vis de même :
Nul ne t'ôtera de ses mains !

4. Je flottais sans Dieu dans le monde ;
Tout à coup son doigt m'a touché ;
Devant moi paraît mon péché ;
J'entends son tonnerre qui gronde.
Les flots m'entraînaient loin du port,
J'allais périr dans la tourmente...
Mais je sentis ta main puissante,
O Christ ! me sauver de la mort.

5. Tu vis ! Que me serait la vie,
Jésus ! si tu ne vivais pas ?
Mais tu vis... on a vu tes pas
Au jardin où pleurait Marie.
Tristes, effrayés, à genoux,
Tes saints témoins versaient des larmes :

Tu vins, tu chassas leurs alarmes,
Tu dis : La paix soit avec vous !

6. Ils t'ont revu, leur Dieu, leur frère ;
Ils s'écrient dans la cité :
Le Seigneur est ressuscité !
Leur voix couvre toute la terre.
Aux verges ils offrent leur corps ;
Au glaive ils immolent leur âme ;
Et leur sang ruisselant proclame
Que tu n'es plus entre les morts !

7. Et quand vers les célestes rives
Tu remontas victorieux,
Ils te virent, ô Roi des cieux !
Mener les puissances captives.
Puis, tout à coup, un bruit du ciel,
Des flammes de feu sur leur tête,
L'Esprit, le vent et la tempête
Leur dirent ton règne immortel.

8. Ainsi tu vis, ô toi, ma vie !
Il n'est plus pour moi de trépas !
Le moqueur qui ne le croit pas
Insulte à mon âme ravie.
Mais je sais ta fidélité ;
O Ressuscité ! je t'adore ;
Et déjà j'entrevois l'aurore
Du jour de ton éternité.

Cantique 116. — AIR 37.

1. O Désiré de la terre,
   Amour et gloire des cieux ;
   Mon Roi, mon Sauveur, mon Frère,
   Me voici devant tes yeux.
   O face auguste et sereine,
   Grâce aimable et souveraine,
   Verse-moi tes dons parfaits,
   Lumière, espérance et paix !

2. Si longtemps mon œil débile
   A regardé sans rien voir !
   Et mon esprit indocile
   Tout sondé, sans rien savoir !
   Oh ! que de grâces perdues !
   Que de lueurs disparues !
   Que d'inutiles douleurs !
   Que de funestes bonheurs !

3. Pauvre âme, hier désolée,
   D'où naît ta sérénité ?
   Intelligence aveuglée,
   D'où te vient tant de clarté ?
   Quoi ! tous mes doutes se taisent,
   Tous mes orages s'apaisent !
   O mystère ! ô charité !
   O triomphante Bonté !

4. Jésus est le nom sublime
   De notre libérateur ;

Jésus a comblé l'abîme
Entre l'homme et son auteur.
Son nom est doux à ma bouche;
Il me console, il me touche;
Seul il a pu convertir
Mes remords en repentir.

5. Cœur divin! sois ma retraite,
Ma joie et mon reconfort,
Mon abri dans la tempête,
Ma vie, enfin, dans la mort;
Vois ma blessure profonde;
Guéris-moi, guéris le monde;
Fais voir son inimitié
Moins forte que ta pitié!

Cantique 117. — AIR 64.

1. Faisons retentir en ce lieu
Le nom sacré de notre Dieu,
Et de Jésus le roi de gloire.
Il a vaincu nos ennemis;
Satan, la mort, lui sont soumis;
Annonçons partout sa victoire.

2. Ne cherchons plus dans le tombeau
Jésus qui, pour son cher troupeau,
A souffert une mort cruelle;
Cet invincible Rédempteur
Du sépulcre est sorti vainqueur,
Et vit d'une vie immortelle.

3. C'est lui qui nous a mérité
   Par sa mort l'immortalité,
   Et son sang a lavé nos crimes.
   Il nous fait sacrificateurs ;
   Offrons-lui nos corps et nos cœurs :
   Il ne veut point d'autres victimes.

4. Aimons-le tous, et que jamais
   Ses inestimables bienfaits
   Ne sortent de notre mémoire.
   Faisons connaître ses exploits ;
   N'ayons point honte de sa croix,
   Et ne vivons que pour sa gloire.

Cantique 118. — AIR 47.

1. Jadis l'oiseau, messager de Noé,
   Ne pouvant pas trouver sur cette terre
   De quoi poser la plante de son pié,
   S'en retourna sous le toit tutélaire.

2. Ainsi, Seigneur ! lasse d'errer toujours,
   Sans voir un lieu pour y dresser sa tente,
   Mon âme enfin, implorant ton secours,
   Met en toi seul désormais son attente.

3. A tout moment je perds le droit chemin ;
   Car loin de toi tend mon aveugle marche !
   Comme Noé, daigne avancer la main,
   Dieu tout-puissant ! et prends-moi dans ton arche.

4. Sois mon abri, lorsque mugit le vent!
Contre le hâle, ô Dieu! sois mon ombrage!
Dans ma faiblesse, un soleil trop ardent
Est dangereux aussi bien que l'orage.

Cantique 119. — AIR 15.

1. Au fort de ma détresse,
Dans mes profonds ennuis,
A toi seul je m'adresse,
Et les jours et les nuits.
Grand Dieu! prête l'oreille
A mes cris éclatants!
Que ma voix te réveille:
Seigneur! il en est temps.

2. Si ta rigueur extrême
Nos péchés veut compter,
O majesté suprême!
Qui pourra subsister?
Mais ta juste colère
Fait place à ta bonté,
Afin qu'on te révère
Avec humilité.

5. En Dieu je me console
Dans mes plus grands malheurs;
Sa divine Parole
Apaise mes douleurs.
Mon cœur vers lui regarde
Brûlant d'un saint amour,

Plus matin que la garde
Qui devance le jour.

4. Qu'Israël sur Dieu fonde
En tout temps son appui !
En lui la grâce abonde ;
Le secours vient de lui.
De toutes nos offenses
Il nous rachètera ;
De toutes nos souffrances
Il nous délivrera.

Cantique 120. — AIR 95.

1. Ouvrages du Très-Haut, effets de sa parole,
Bénissez le Seigneur ;
Et jusqu'au bout des temps, de l'un à l'autre pôle,
Exaltez sa grandeur.

2. Anges, qui le voyez dans sa splendeur entière,
Bénissez le Seigneur ;
Cieux qu'il a peints d'azur et revêt de lumière,
Exaltez sa grandeur.

3. Soleil qui fais le jour, lune qui perces l'ombre,
Bénissez le Seigneur ;
Étoiles dont mortel n'a jamais su le nombre,
Exaltez sa grandeur.

4. Israël qu'il choisit pour unique héritage,
Bénissez le Seigneur ;

Et d'un climat à l'autre, ainsi que d'âge en âge,
  Exaltez sa grandeur.

5. Ames justes, esprits en qui la grâce abonde,
  Bénissez le Seigneur;
Humbles, qu'un saint orgueil fait dédaigner le monde,
  Exaltez sa grandeur.

6. Bénissons tous le Père, et le Fils ineffable,
  Avec l'Esprit divin;
Rendons honneur et gloire à leur être immuable;
  Exaltons-les sans fin.

7. On te bénit au ciel, Dieu qui nous fis l'image
  De ton être divin;
On te doit en tous lieux louange, gloire, hommage,
  On te les doit sans fin.

Cantique 121. — AIR 49.

1. Venez, chrétiens, et contemplons la gloire
 Du Roi des rois, du Monarque des cieux,
Qui va jouir des fruits de sa victoire :
 Que ce spectacle est grand et glorieux !

2. Il monte au ciel porté sur une nue,
 Et tout en lui nous marque sa grandeur:
Satan soumis, la mort même vaincue,
 Sont les captifs qui suivent ce Vainqueur.

3. Son char pompeux est précédé des anges,
 Qui, publiant ses merveilleux exploits,

Font retentir dans les airs ses louanges,
Et vers le ciel poussent ainsi leurs voix :

4. Ouvrez-vous, cieux, temple du Dieu suprême,
Pour recevoir le Roi de l'univers,
Le Saint des saints, Celui que le Père aime,
Et le Vainqueur du monde et des enfers.

5. C'est donc au ciel qu'est Jésus notre frère,
Notre Avocat, notre Chef, notre Époux,
Le Rédempteur en qui notre âme espère :
Ah ! quelle gloire et quel bonheur pour nous !

6. Il est allé nous y préparer place,
Et, de ce haut et bienheureux séjour,
Il nous fait part de son Esprit de grâce
Et des effets de son plus tendre amour.

7. Suivons-le tous, animés d'un saint zèle ;
N'arrêtons plus nos cœurs dans ces bas lieux ;
Ce doux Sauveur lui-même nous appelle,
Et nos vrais biens sont cachés dans les cieux.

8. Un jour Jésus, du trône de sa gloire,
Viendra juger les vivants et les morts,
Et remporter sa dernière victoire
En ranimant la poudre de nos corps.

Cantique 122. — AIR 83.

1. Il est aisé de te haïr,
Monde qui plais, monde qui trompes ;

Aisé de maudire et flétrir
Tes biens, tes voluptés, tes pompes.
Quand on a bu peine et plaisir
Au vase que tu nous présentes,
Quand on connaît ce que tu vantes,
Il est aisé de te haïr !

2. Quand on a vu dans tes douleurs
Moins d'amertume qu'en tes fêtes,
Quand l'âge a fané les couleurs
Des fleurs dont tu parais nos têtes ;
Quand l'âme, avide d'avenir,
Au bout d'une vaine poursuite,
Se voit au seuil du dernier gîte....
Il est aisé de te haïr !

3. Pour toute réponse à des vœux
Dont rien ne bornait l'étendue,
Quand la tombe s'ouvre à nos yeux,
Morne, lugubre et sans issue,
Oh ! si de ce vaste avenir
Qui fleurit dans une autre vie,
Tu détournas l'âme éblouie....
Il est aisé de te haïr !

4. Que va-t-il devenir, ce cœur
Désabusé, mais solitaire,
Vaincu d'abord et puis vainqueur
Des affections de la terre ?
Vide affreux d'un cœur sans désir,
Ah ! peut-on te sentir et vivre ?

Peut-on respirer sans poursuivre
Un but, un terme, un avenir?

5. Errante pensée, où veux-tu
Diriger ton aile incertaine?
La vie à ton œil éperdu
Ne montre plus ni monts ni plaine.
A tes cris que peut-elle offrir?
Rien que le vide sur l'abîme!
Pour te poser aucune cime!
Ton aile plie, il faut périr!

6. Il est cependant, sur les flots
Où ta fatigue douloureuse
En vain cherche un lieu de repos,
Il est encore une île heureuse!
Un doigt levé sur le désert,
Avant qu'elle défaille et tombe,
Peut guider la pauvre colombe,
Vers la cime d'un arbre vert.

7. Il est, pour le cœur, un amour!...
Amour qui remplirait la vie,
Amour vainqueur qui sans retour
Affranchirait l'âme asservie.
Mais, ô Toi qui devrais charmer
Toutes les puissances de l'être,
O notre Père, ô notre Maître,
Qu'il est malaisé de t'aimer!

8. Au dégoût qui flétrit nos jours,
A l'ennui qui glace notre âme,

Du plus généreux des amours
Comment s'allumerait la flamme ?
Quand on a laissé consumer
Dans les feux d'un autel impie
Toutes les forces de sa vie,
Est-il facile de t'aimer ?

9. Oh ! dans les profondeurs des cieux
Abri sûr, mais inaccessible,
Amour qui se montre à nos yeux,
Nécessaire, mais impossible,
Cœur qui ne peut monter à Dieu,
Qui ne peut retourner au monde !
Tourment que l'âme vagabonde
Porte en tout temps, traîne en tout lieu !

10. Qui m'apprendra, Dieu bienfaisant,
A t'aimer, si ce n'est toi-même ?
Quel autre, d'un mot tout-puissant
Levant un fatal anathème,
Comblera le vide cruel
Par qui, malgré tes soins propices,
L'éternité dans les délices
Serait un supplice éternel ?

11. Sois béni ; car tu l'as comblé,
L'abîme où mon âme angoissée
Plongeait un regard désolé
Sans y rencontrer ta pensée.
Dieu caché ! tu m'as prévenu :
On ne vit point sans te connaître ;

Mais qui te connaît doit renaître,
Et maintenant je t'ai connu !

12. Sur tes attributs glorieux
J'interrogeais mon ignorance ;
Je te cherchais au fond des cieux,
Dans mes pensers... Vaine espérance !
Puis l'orage s'est élevé,
La foudre a grondé sur ma tête ;
Je t'ai cherché dans la tempête...
Mais là je ne t'ai point trouvé.

13. Comme une lueur qui s'enfuit,
Comme une image vague et sombre,
Tour à tour sortant de la nuit,
Et tour à tour rentrant dans l'ombre,
Tu paraissais sans te nommer,
Ou te nommais d'un nom funeste ;
Et je n'ai pu, Père céleste,
Ni te connaître, ni t'aimer.

14. Sois béni ; ton Fils est venu :
J'ai lu ton nom, j'ai vu ta gloire ;
Et dans ce désert triste et nu,
Retentissant de ta victoire,
J'ai vu soudain tout s'animer,
Tout revivre, tout reparaître ;
J'ai senti mon âme renaître,
Je puis encor, je puis aimer !

15. Dans ton Bien-Aimé je te vois,
Je te contemple, je t'adore,

Et pour moi, du haut de sa croix,
Se lève une immortelle aurore.
A mes yeux luit un nouveau jour,
Un sang nouveau coule en mes veines ;
O Dieu puissant ! tu me ramènes
Par l'espérance vers l'amour !

16. Le soleil d'un printemps sans fin
Se lève à l'âme qui t'adresse,
Des pieds de son ami divin,
Le cri touchant de sa détresse:
Ta puissance y vient rallumer
Un feu qui rajeunit son être,
Et ta grâce lui fait connaître
Qu'il est facile de t'aimer.

Cantique 125. — air 66.

1. Rendez à Dieu l'honneur suprême ;
Car il est doux, il est clément,
Et sa bonté, toujours la même,
Dure perpétuellement.
Qu'Israël aujourd'hui s'accorde
A chanter solennellement
Que sa grande miséricorde
Dure perpétuellement.

2. Que d'Aron la famille entière
Vienne aussi chanter hautement

Que sa clémence singulière
Dure perpétuellement.
Que ceux qui vivent en sa crainte
Soient prompts à publier comment
Sa grâce, toujours pure et sainte,
Dure perpétuellement.

3. Aussitôt que, dans ma détresse,
Je recourus à sa bonté,
Sa main, me tirant de la presse,
Me mit au large, en sûreté.
Le Tout-Puissant, qui m'entend plaindre,
M'exauce au pied de son autel.
Il est mon Dieu! Qu'aurais-je à craindre
De l'effort de l'homme mortel?

4. Contre tous Dieu, que je révère,
M'aide ainsi qu'il me l'a promis;
Et mes yeux verront sa colère
Fondre sur mes fiers ennemis.
Il vaut mieux avoir espérance
En l'Éternel qu'en l'homme vain;
Il vaut mieux avoir confiance
En Dieu qu'en nul pouvoir humain.

5. On vit leurs troupes animées
M'environner de tous côtés;
Mais au nom du Dieu des armées
Mon bras les a tous écartés.
Ils s'étaient rassemblés encore
Cherchant à me faire mourir;

Mais au nom du Dieu que j'adore,
C'est moi qui les ai fait périr.

6. Comme un épais essaim d'abeilles
Ils fondaient sur moi, ces hautains;
Ils sont, par le Dieu des merveilles,
Comme un feu d'épines éteints.
Cruel, qui me faisais la guerre,
Tu m'avais vivement pressé;
Tu croyais me jeter par terre,
Mais le Seigneur t'a renversé.

7. Le Dieu fort est ma délivrance,
C'est le sujet de mes discours;
Par mes chants de réjouissance
Je le célèbre tous les jours.
Aux tentes de son peuple juste
On loue, on chante le Dieu fort;
Chacun dit que son bras robuste
A fait un merveilleux effort.

8. De l'Éternel la main puissante
S'est signalée à cette fois;
C'est là ce que son peuple chante,
Tout d'un cœur et tout d'une voix.
Me voilà donc, malgré l'envie,
Des mains de la mort racheté;
Le Dieu fort m'a rendu la vie,
Je célébrerai sa bonté!

9. S'il m'a plongé dans la souffrance,
S'il m'a châtié rudement,

Il daigne aussi, dans sa clémence,
De ma mort retarder l'instant !
Qu'on m'ouvre ces portes si belles
Du saint temple au Seigneur voué ;
Et qu'en présence des fidèles
Par moi son nom y soit loué.

10. Ces grandes portes somptueuses
Sont les portes de notre Dieu ;
Par elles les âmes pieuses
Viendront adorer en ce lieu.
C'est là que d'une ardeur nouvelle
Tout haut je veux le célébrer,
Puisque, dans ma douleur mortelle,
Sa main a su me délivrer.

11. La pierre qu'avaient méprisée
Les conducteurs du bâtiment,
A l'angle pour jamais posée,
En fait la force et l'ornement.
C'est sans doute une œuvre céleste
Faite par le grand Dieu des cieux ;
C'est un miracle manifeste
Qui vient éclater à nos yeux.

12. La voici l'heureuse journée
Qui répond à notre désir !
Louons Dieu qui nous l'a donnée,
Faisons-en tout notre plaisir.
Grand Dieu ! c'est à toi que je crie :
Garde ton oint et le soutiens.

Grand Dieu ! c'est toi seul que je prie ;
Bénis ton peuple et le maintiens.

13. Béni soit qui, rempli de zèle,
Au nom du Seigneur vient ici !
Vous, de sa maison sainte et belle,
Nous vous bénissons tous aussi.
L'Éternel, qui nous est propice,
Nous éclaire par sa faveur ;
Menez le bœuf du sacrifice
Jusques à l'autel du Seigneur.

14. Mon Dieu, c'est toi seul que j'honore ;
Sans cesse je t'exalterai ;
Mon Dieu, c'est toi seul que j'adore ;
Sans cesse je te bénirai.
Rendez à Dieu l'honneur suprême,
Car il est doux, il est clément,
Et sa bonté, toujours la même,
Dure perpétuellement.

Cantique 124. — AIR 19.

1. Fraternité céleste et sainte,
Ce n'est qu'en Christ qu'on te connaît ;
Fais-nous sentir ta vive étreinte :
Dans ta douceur l'âme renaît.
Loin de Jésus, jadis notre âme
Méconnaissait ce doux accord ;

Du monde alors l'impure flamme
Seule éveillait notre transport.

2. Mais, ô Seigneur ! quand ta tendresse
Nous enrichit de ton pardon,
A notre cœur plein d'allégresse
Tu fis goûter ce nouveau don.
Si depuis lors notre faux zèle
A relâché le nœud d'amour,
Oh ! viens encor, Sauveur fidèle,
Le resserrer de jour en jour.

3. Ne permets plus que nos misères
Interrompent ces saints transports ;
Qu'en un faisceau tu nous resserres
Pour ne former en toi qu'un corps.
Bannis de nous l'aigreur, l'envie,
La médisance et la froideur ;
Répands sur nous l'Esprit de vie,
De foi, d'amour et de ferveur.

4. Que nous puissions vivre sans cesse
Dans cet amour qui nous unit ;
Qu'il soit la part et la richesse
De ce troupeau qui t'en bénit.
Exauce, ô Dieu ! notre prière ;
Viens nous unir à notre époux.
Nous t'en prions, ô tendre Père !
Dans l'unité consomme-nous !

Cantique 125. — AIR 5.

1. Le temps est court, hâtons-nous ; l'heure avance
   Où l'Éternel viendra juger nos cœurs.
   Cherche, ô mon âme ! une bonne espérance, } *bis.*
   Fuis le sommeil et la paix des pécheurs.

2. Le temps est court, ô monde ! pour ta gloire,
   Pour tes faux biens, pour ta frivolité.
   De ton orgueil périra la mémoire ; } *bis.*
   De ton éclat passera la beauté.

3. Le temps est court, âme triste et souffrante,
   Enfant de Dieu sur la terre exilé !
   Lève les yeux ; encore un peu d'attente, } *bis.*
   Et vers ton Dieu tu seras consolé.

4. Le temps est court pour finir notre tâche :
   A l'œuvre donc puisqu'il est encor jour !
   Combats, agis, chrétien, ne sois point lâche ; } *bis.*
   Ton Maître vient, sois prêt pour son retour.

Cantique 126. — AIR 98.

1. Souverain monarque des mondes,
   Jamais sous leurs voûtes profondes
   Les cieux étendus par ta main (*bis.*)
   N'ont vu de trésor comparable
   A l'astre voilé qu'une étable

Va révéler au genre humain...
Hommes pécheurs, race coupable !
Les temps du Scilo sont venus :
Paix sur la terre ! c'est Jésus.

2. Les soleils, que ta gloire efface,
Redisent d'espace en espace,
De monde en monde jusqu'à nous, (bis.)
Le don que nous fait ta clémence,
Et qu'enferme un mystère immense
Qu'il faut adorer à genoux,
Aux pieds d'une divine enfance.
Les temps du Scilo sont venus :
Paix sur la terre ! c'est Jésus.

3. L'armée innombrable des anges
Développe au loin ses phalanges,
Qui se prolongent vers nos cieux. (bis.)
Béni de leurs voix immortelles,
Quel nom divin prononcent-elles
Dans leur langage glorieux ?
Oh ! que leurs paroles sont belles !
Les temps du Scilo sont venus :
Paix sur la terre ! c'est Jésus.

4. Unissons nos cœurs aux hommages
Que les séraphins et les mages
Déposent devant ses autels. (bis.)
C'est en lui qu'il faut qu'on espère.
Jésus, Fils unique du Père,
Est seul le salut des mortels,
Dont il répare la misère.

Les temps du Scilo sont venus :
Paix sur la terre ! c'est Jésus.

5. S'il vient, c'est pour le sacrifice.
Juste, il nous donne sa justice,
Et revêt notre indignité. (bis.)
En succombant sous notre offense,
Il nous rend l'antique innocence,
La foi, l'amour, la sainteté,
Avec la paix et l'espérance.
Les temps du Scilo sont venus :
Paix sur la terre ! c'est Jésus.

6. S'il vient, c'est pour livrer la guerre
Aux crimes dont gémit la terre,
Et renverser l'horrible espoir (bis.)
Du noir ennemi de nos âmes
Qui les enlace de ses trames,
Leur fait adorer son pouvoir,
Et les jette enfin dans ses flammes.
Les temps du Scilo sont venus :
Paix sur la terre ! c'est Jésus.

7. Il vient, divin Chef de l'Église,
Du joug que la main de Moïse
Appesantit sur Israël, (bis.)
Affranchir la race chérie
Qui, dans la liberté nourrie,
Se plaît au joug d'Emmanuel,
Plus doux que la plus douce vie.
Les temps du Scilo sont venus :
Paix sur la terre ! c'est Jésus.

8. Ces faux dieux que la terre adore,
　Ces êtres bornés qu'elle implore,
　Usurpateurs de notre amour, (*bis.*)
　Qu'ils s'effacent de la mémoire,
　Évanouis devant ta gloire,
　Comme un songe au lever du jour.
　En quel autre pourrions-nous croire?
　Les temps du Scilo sont venus :
　Paix sur la terre ! c'est Jésus.

9. Hommes trop dignes de vos pères,
　N'est-ce pas assez de misères,
　Assez de sang, assez de pleurs? (*bis.*)
　Pourquoi ces guerres intestines,
　Ces impostures, ces rapines,
　Ces longs cortéges de malheurs
　Sur ces montagnes de ruines?
　Les temps du Scilo sont venus :
　Paix sur la terre ! c'est Jésus.

10. Quittez vos fatales idoles.
　L'orgueil des superbes paroles
　N'effacera pas vos péchés. (*bis.*)
　La soif de paix qui vous dévore
　Peut-elle se fier encore
　A ces réservoirs desséchés
　Où se perd l'onde qu'on implore?
　Les temps du Scilo sont venus :
　Paix sur la terre ! c'est Jésus.

11. Pécheur, il faut que tu gémisses
　Sur les penchants et sur les vices

Que la loi découvre en ton cœur ; (*bis.*)
La loi t'accuse, et sa sentence
Livre aux enfers l'impénitence
Et le désespoir du pécheur.
Mais qui prend ici ta défense ?
Les temps du Scilo sont venus :
Paix sur la terre ! c'est Jésus.

12. Son nom sanctifie et délivre ;
C'est lui qui console et fait vivre
Ceux qu'il enrichit de la foi ; (*bis.*)
Son nom détourne le tonnerre
Qui devait foudroyer la terre
Au nom de l'inflexible loi ;
Son nom est la fin de la guerre.
Les temps du Scilo sont venus :
Paix sur la terre ! c'est Jésus.

13. O terre ! jusqu'en tes abîmes
Répète les concerts sublimes
Que le ciel t'envoie aujourd'hui. (*bis.*)
Que tes monts, tes mers et tes îles,
Tes déserts et tes lieux fertiles
Chantent ce mystère inouï,
Avec tes hameaux et tes villes.
Les temps du Scilo sont venus :
Paix sur la terre ! c'est Jésus.

14. Par lui la terre est rajeunie,
Et de sa surface bénie
Ont disparu les maux divers. (*bis.*)
L'enfant aux lionnes sanglantes

Fait lécher ses mains caressantes ;
Nul poison n'infecte les airs ;
Toutes les fleurs sont innocentes.
Les temps du Scilo sont venus :
Paix sur la terre ! c'est Jésus.

15. Damas au loin sème ses roses ;
Partout les fleurs naissent écloses
Au souffle embaumé du matin ; *(bis.)*
Partout la myrrhe d'Arabie,
L'huile pure de Samarie,
Et du Liban le doux raisin
De leurs dons enchantent la vie.
Les temps du Scilo sont venus :
Paix sur la terre ! c'est Jésus.

16. Seigneur, c'est ainsi que ta grâce
Étendra son règne efficace
Dans les cœurs qu'elle aura changés. *(bis.)*
Les peuples, convertis par elle,
T'adorent comme un seul fidèle,
Et, du vieil homme dégagés,
Sont tous une race nouvelle.
Les temps du Scilo sont venus :
Paix sur la terre ! c'est Jésus.

17. Poursuis, Enfant-Sauveur, achève.
Ton abaissement nous relève ;
Ta meurtrissure nous guérit : *(bis.)*
On a dressé ta croix féconde.
Paix par ta croix, paix à ce monde

Qui sans elle tombe et périt,
Où le salut par elle abonde.
Les temps du Scilo sont venus :
Paix sur la terre ! c'est Jésus.

Cantique 127. — AIR 64.

1. Réjouissons-nous au Seigneur,
   Assemblons-nous en son honneur ;
   Car il est seul notre défense.
   Courons à son temple aujourd'hui,
   Afin de chanter devant lui
   Sa force et sa magnificence.

2. C'est le Dieu grand et glorieux,
   Le Roi des rois, le Dieu des dieux,
   Qui seul dans ses mains tient le monde,
   Qui domine sur les hauts monts
   Et dans les abîmes profonds,
   Maître de la terre et de l'onde.

3. La mer et ses eaux sont à lui ;
   Il en est l'auteur et l'appui ;
   La terre est aussi son ouvrage ;
   C'est le Dieu qui nous forma tous ;
   Allons adorer à genoux
   Un Maître si grand et si sage.

4. Il est notre Dieu tout-puissant ;
   Nous, son troupeau, qu'on voit paissant

Sous sa main qui nous est propice ;
Aujourd'hui qu'on entend sa voix,
Prenez garde, au moins cette fois,
Que votre cœur ne s'endurcisse.

5. Contre Dieu qui guidait leurs pas,
Au désert, vos pères ingrats
Avec murmure s'élevèrent.
C'est là, dit-il, qu'ils m'ont tenté,
Quand, malgré leur légèreté,
Cent fois ma grâce ils éprouvèrent.

6. Durant quarante ans, en effet,
Cette race indigne n'a fait
Que m'offenser par mille outrages ;
Leur cœur ingrat s'est égaré
Et n'a jamais considéré
Ma volonté ni mes ouvrages.

7. Enfin, de ma gloire jaloux,
Et poussé d'un juste courroux,
J'ai cette parole jurée,
Que jamais ce peuple endurci,
Puisqu'il me résistait ainsi,
Dans mon repos n'aurait entrée.

Cantique 128. — AIR 66.

1. Faisons éclater notre joie,
Et louons notre bienfaiteur !

Le Père éternel nous envoie
Son Bien-Aimé pour Rédempteur.
D'une vierge chaste et féconde
Un enfant divin nous est né ;
Aujourd'hui le Sauveur du monde,
Le Fils de Dieu nous est donné.

2. En lui la suprême puissance
Se trouve avec l'infirmité ;
Une éternelle et pure essence
S'unit à notre humanité.
Dans la bassesse on le voit naître
Sous la forme de serviteur ;
Mais c'est alors qu'il fait paraître
Plusieurs rayons de sa grandeur.

3. Il n'a pour palais qu'une étable,
Et qu'une crèche pour berceau ;
Mais cet enfant incomparable
Fait briller un astre nouveau.
A sa naissance les saints anges
Font ouïr leurs voix dans ces lieux ;
Ils disent, chantant ses louanges :
Gloire soit à Dieu dans les cieux !

4. Mortels, le Maître du tonnerre
Contre vous n'est plus irrité ;
La paix va régner sur la terre ;
Dieu pour vous est plein de bonté.
Joignons notre sainte harmonie
A leurs concerts mélodieux ;

    Louons le prince de la vie,
    Qui vient se montrer à nos yeux.

5. Approchons-nous avec les mages
    Du berceau de notre Sauveur ;
    Rendons-lui nos justes hommages,
    Et présentons-lui notre cœur.
    L'or et l'encens de l'Arabie
    Plaisent bien moins à notre Roi
    Que la sainteté de la vie,
    Qu'un cœur plein d'amour et de foi.

Cantique 129. — AIR 52.

1. Dieu tout bon qui veux bien te nommer notre Père,
Inspire-nous l'amour dont vivent tes enfants.
Tu nous as donné part aux biens de cette terre :
Donne-nous plus encor, des cœurs compatissants.

2. Au banquet préparé par tes mains libérales
    Ce n'est pas pour nous seuls que tu nous fais asseoir ;
    Si tu fais de tes dons des portions inégales,
    Tu nous dis que donner vaut mieux que recevoir.

3. Tu ne demandes plus le pompeux sacrifice
    Que t'offrait en Sion ton peuple d'Israël ;
    Jésus a pour jamais satisfait ta justice,
    Et le sang ne doit plus couler sur ton autel.

4. D'un cœur humble et contrit la timide prière
    Est l'encens le plus doux que nous puissions t'offrir ;

Consoler l'affligé, soulager sa misère,
Tel est le sacrifice auquel tu prends plaisir.

5. O Dieu! qui nous permets de nous unir aux anges
Pour chanter ton pouvoir et ta fidélité,
Que des dons généreux, mêlés à nos louanges,
Te prouvent, en ce jour, notre sincérité.

Cantique 130. — AIR 30.

1. Que vois-je, hélas! mon Dieu! mon Père!
Jésus à la croix attaché,
Percé des traits de ta colère,
Afin d'expier mon péché!

2. Pourquoi faut-il que ta justice
Fasse souffrir à ton cher Fils
De la croix le cruel supplice,
Destiné pour tes ennemis?

3. Hélas! que je suis misérable
D'avoir causé tant de douleurs
A mon Rédempteur adorable,
Qui m'a comblé de ses faveurs!

4. Pour nous châtier de nos crimes
Tu pouvais nous détruire tous,
Et faire de nous des victimes
De ton saint et juste courroux.

5. Béni sois-tu, Père céleste!
Dieu d'amour qui, dans ta bonté,

As détourné le coup funeste
Que nous avions tous mérité.

6. Béni soit l'Agneau sans souillure
Qui s'est immolé sur la croix,
Pour racheter sa créature
Bien qu'elle eût violé ses lois.

7. Son amour pour nous est extrême ;
Pour faire avec Dieu notre paix
Ce Sauveur s'est livré soi-même :
Ah ! je veux l'aimer pour jamais.

8. Je ne veux plus aimer le monde ;
Il ne saurait remplir mes vœux.
C'est des maux la source féconde ;
Jésus seul peut me rendre heureux.

9. Je veux l'imiter et le suivre,
Et m'assujettir à ses lois ;
Pour lui seul et mourir et vivre,
Et chercher ma gloire en sa croix.

Cantique 131. — AIR 22.

1. Pourquoi, Seigneur, pourquoi mille doutes pénibles
Viennent-ils dans mon âme obscurcir tes clartés ?
Ne puis-je donc marcher dans ces routes paisibles
Où marchent tant de rachetés ? (*bis.*)

2. De ton divin Esprit les premières largesses
N'étaient-elles donc point un gage d'avenir?
Et ta bonté, pour moi prodigue de promesses,
A-t-elle oublié de bénir? (*bis.*)

3. Du soleil de ta grâce un rayon perce encore
Cette nuit déplorable où tu me fais marcher.
Mais est-ce là, Seigneur, le déclin ou l'aurore
Du jour que j'aimais à chercher? (*bis.*)

4. Éprouves-tu ma foi? maudis-tu ma faiblesse?
Et veux-tu me confondre, ou veux-tu me sauver?
Ce jour doit-il grandir, ou dans une ombre épaisse
Descendre et ne plus se lever? (*bis.*)

5. Je parlais : le Seigneur entendit mes murmures ;
Il laissa s'exhaler l'angoisse de mon cœur ;
Sa bonté refusa d'entendre mes injures,
Il n'entendit que ma douleur! (*bis.*)

6. Et bientôt dans mon cœur, d'abord faible et confuse,
Puis forte et solennelle, une voix s'éleva :
« Ingrat, me disait-elle, ingrat! ton âme accuse
Le Dieu tout bon qui la sauva! (*bis.*)

7. « As-tu donc oublié les touchantes prémices
D'un amour que nul cœur ne saurait mesurer?
Es-tu sans souvenir des premières délices
Qu'à ton âme il fit savourer? (*bis.*)

8. « Te trompait-il alors? et voulait-il, peut-être,
Te mieux faire jouir pour te mieux affliger?
Tes maux font-ils sa joie? Ah! ton juge et ton maître
Peut punir, mais non se venger! (*bis.*)

9. « Ton infidélité le déclare infidèle,
Et dans ce même instant où ton cœur le trahit,
Dans le fond de ce cœur obstinément rebelle
C'est lui qui soupire et gémit. (*bis.*)

10. « A ton esprit superbe il faut plus de lumière !
Mais dans ta nuit première il pouvait te laisser ;
Et dans la même nuit, il pourrait, téméraire,
Te redescendre et t'enfoncer. (*bis.*)

11. « Ah ! jouis du rayon que sa bonté te laisse ;
Accepte avec amour l'épreuve de ta foi :
Attends ; le jour approche où sa haute sagesse
Se rendra visible pour toi. (*bis.*)

12. « Un rayon te suffit ; tant d'autres n'ont pas même
Ce rayon bienfaiteur pour assurer leurs pas.
Ah ! demande pour eux à l'Arbitre suprême
Le bien qui ne te manque pas. (*bis.*)

13. « Des doutes importuns assiégent ta pensée :
Cherche, examine, prie, et bénis le Seigneur,
Lorsque tout s'obscurcit à ta vue abusée,
Excepté la croix du Sauveur. » (*bis.*)

14. Que je sens à la fois de honte et d'allégresse
Quand ta voix, ô mon Dieu ! m'accuse et me reprend !
Je sens que j'ai failli ; mais, parmi ma tristesse,
Je sens que je suis ton enfant. (*bis.*)

15. Je veux ce que tu veux, ô Sagesse profonde !
De doutes ténébreux que je marche entouré :
Ton doux rayon me luit dans les sentiers du monde ;
Que je le voie, et je vivrai ! (*bis.*)

Cantique 152. — AIR 16.

1. Seigneur, qui vois ma peine,
   Ne me prends point en haine :
   Cesse d'être irrité! (*bis.*)
   Dans ta juste colère (*bis.*)
   Ne sois pas si sévère
   Que je l'ai mérité.

2. Que plutôt ta tendresse
   Soulage ma faiblesse
   Dans les maux que je sens; (*bis.*)
   Ma force m'abandonne, (*bis.*)
   Et ma douleur étonne
   Et mes os et mes sens.

3. Ma tristesse redouble,
   Et mon esprit se trouble
   De crainte et de souci : (*bis.*)
   Mon Dieu, mon espérance, (*bis.*)
   Jusqu'à quand ma souffrance
   Durera-t-elle ainsi?

4. Hélas! Père de grâce,
   Tourne vers moi ta face
   Et calme mon effroi : (*bis.*)
   Malgré ma faute extrême, (*bis.*)
   Pour l'amour de toi-même,
   O grand Dieu! sauve-moi!

5. Lorsque la vie échappe
   Et que la mort nous frappe,

Pouvons-nous te louer? (*bis.*)
Ah! du sein de la terre (*bis.*)
Nul chant, nulle prière
Ne peut plus s'élever!

6. La nuit, quand tout sommeille,
Je suis le seul qui veille,
Pressé de mes douleurs : (*bis.*)
J'ai la plainte à la bouche, (*bis.*)
Et le lit où je couche
Est noyé de mes pleurs.

7. Je suis méconnaissable ;
Le chagrin qui m'accable
Se fait voir en mes yeux. (*bis.*)
Mon Dieu sait mes alarmes, (*bis.*)
Et la voix de mes larmes
A pénétré les cieux.

8. Sa bonté singulière
Écoute ma prière,
Quand à lui j'ai recours : (*bis.*)
Quoi que je lui demande, (*bis.*)
Sa clémence est si grande
Qu'il m'exauce toujours.

9. Ma délivrance prompte
Surprend, remplit de honte
Mes cruels ennemis ; (*bis.*)
Dieu confond leur malice, (*bis.*)
Et m'est toujours propice,
Comme il me l'a promis.

Cantique 133. — AIR 24.

1. Pauvre âme, inquiète et tremblante,
   Viens à Jésus, approche-toi;
   Mais ta démarche est chancelante,
   Je vois que tu manques de foi.
   Ce doux remède à ta misère
   Le Saint-Esprit peut te l'offrir;
   S'il est bien des maux sur la terre,
   Le Dieu du ciel peut les guérir.

2. Mais tu crois, et pourtant tu pleures :
   As-tu perdu tes bien-aimés?
   As-tu passé de longues heures
   A les voir du mal consumés?
   Cette douleur est bien amère,
   Et mon cœur sait y compatir :
   Est-il donc des maux sur la terre
   Que le ciel ne puisse guérir?

3. Ah! loin de toi cette pensée
   Qu'inspire un sombre désespoir :
   Jésus, dans ton âme oppressée,
   D'un mot fera naître l'espoir.
   Cherche dans le sein de ton Père
   Ceux que tes yeux ont vu partir :
   Il n'est point de maux sur la terre
   Que le ciel ne puisse guérir.

4. Chrétiens affligés dans ce monde,
   Malades, pauvres, délaissés,

Sur Dieu que votre espoir se fonde,
Car il ne vous a pas laissés.
Mais le péché nous fait la guerre :
Pour triompher il faut souffrir,
Et les épreuves de la terre
Pour le ciel doivent nous guérir.

5. Quand nous croyons qu'il nous oublie,
L'Éternel compte nos douleurs;
Et cette main qui nous châtie
Va bientôt essuyer nos pleurs.
Sous la verge de sa colère
Son tendre amour se fait sentir,
Et s'il nous frappe sur la terre,
Dans le ciel il va nous guérir.

Cantique 134. — AIR 3.

(CHANT RELATIF A LA NAISSANCE D'UN ENFANT.)

1. Un nouveau combattant vient d'entrer dans la lice;
Un nouvel ouvrier se joint à nos travaux;
Un esclave nouveau commence son service;
Un nouveau marinier vient essayer les flots. (bis.)

2. Soldat de l'Éternel, qu'une puissante armure
Des assauts du péché garantisse ton cœur;
Et que l'Esprit céleste attache à ta ceinture
Le glaive de la foi, glaive toujours vainqueur. (bis.)

3. Ouvrier du Seigneur, un vaste champ t'appelle :
Fort du secours de Dieu, sage de ses leçons,
A sa divine loi soumets un sol rebelle,
Que sa main parera d'immortelles moissons. (bis.)

4. Esclave, tends les mains aux glorieuses chaînes
Que les élus du ciel portent jusqu'au tombeau ;
Sers Dieu dans ses enfants, prends ta part dans leurs peines
Soutiens-les dans leur course et porte leur fardeau. (bis.)

5. Matelot courageux, sur la mer de ce monde
Lance-toi sans murmure et vogue sans effroi ;
Le Prince de la vie est avec toi sur l'onde,
Et le port du salut est ouvert devant toi. (bis.)

6. Et nous, déjà battus des vagues de la vie,
Nous, dont le gouvernail a fatigué la main,
Prions pour lui, prions, et de notre patrie
Disons-lui les beautés, montrons-lui le chemin. (bis.)

Cantique 135. — AIR 66.

1. Célébrons tous par nos louanges
Le Père de notre Sauveur,
Le Roi des hommes et des anges,
La source de notre bonheur.
Sa miséricorde est immense ;
Il a répandu dans ce jour
Sur son Église, en abondance,
L'Esprit du Fils de son amour.

2. Avant que le Maître du monde
　Eût créé la terre et les cieux ;
　Avant qu'il fît la mer profonde,
　Il pensait à nous rendre heureux.
　Il nous a destiné sa gloire
　Par un effet de sa bonté ;
　Mais, pour en jouir, il faut croire
　Et vivre dans la sainteté.

3. Ce Dieu tout bon, tout adorable,
　Pour ses enfants nous a choisis ;
　Il veut nous nourrir à sa table,
　Et nous y donner son cher Fils.
　Ce Fils, par son obéissance,
　Nous obtient les biens éternels ;
　Son sang est notre délivrance,
　Et sa mort nous rend immortels.

4. Pour dissiper notre ignorance
　Et fléchir notre dureté,
　Il nous donne sa connaissance
　Par son Esprit de vérité.
　Cet Esprit que Christ nous envoie,
　Nous scelle pour le dernier jour ;
　Il produit la paix et la joie,
　La foi, l'espérance et l'amour.

5. Jésus nous le donne pour gage
　De son immense charité ;
　C'est l'arrhe du riche héritage
　Que son sang nous a mérité.

O Seigneur ! selon ta promesse,
Répands sur nous, pauvres humains,
L'Esprit de grâce et de sagesse :
Qu'il règle l'œuvre de nos mains !

6. Que cet Esprit, dans nos prières,
Élève nos cœurs jusqu'aux cieux ;
Que par ses divines lumières
Cet Esprit éclaire nos yeux.
Alors, avec tous les fidèles,
Nous comprendrons quels sont les biens
Et les richesses éternelles
Que ta bonté réserve aux tiens.

Cantique 136. — AIR 10.

1. Doué du langage des anges,
En vain, mon Dieu ! de tes louanges
Je remplirais tout l'univers ;
Sans amour, ma gloire n'égale
Que la gloire de la cymbale
Qui d'un vain bruit frappe les airs.

2. Quand je sonderais les abîmes
Des mystères les plus sublimes ;
Quand je lirais dans l'avenir ;
Sans amour ma science est vaine,
Comme le songe dont à peine
Il reste un léger souvenir.

3. En vain des plus hautes montagnes
   Ma foi couvrirait les campagnes
   Ou durcirait l'eau sous mes pas;
   En vain, ranimant la poussière,
   Je rendrais aux morts la lumière,
   Si dans mon cœur l'amour n'est pas.

4. Quand mes mains de mon héritage
   Aux pauvres feraient le partage;
   Quand même, pour le nom chrétien,
   Bravant les croix les plus infâmes,
   Je livrerais mon corps aux flammes;
   Si je n'aime, je ne suis rien.

5. Que de vertus vont sur ta trace,
   Charité! fille de la grâce;
   Avec toi marchent la douceur,
   La patience inébranlable,
   Et l'indulgence inséparable
   Du calme et de la paix du cœur.

6. Tu chasses l'orgueil et l'envie;
   De tout temps tu fus ennemie
   Du vil et sordide intérêt.
   Humble, droite et sans artifice,
   Autant que tu hais l'injustice,
   Autant la vérité te plaît.

7. Au prochain toujours favorable,
   Tu mets un voile impénétrable
   Sur ses défauts, pour les couvrir.
   Quel triomphe manque à ta gloire?

L'amour sait tout vaincre, tout croire,
Tout espérer et tout souffrir.

8. Ils ont cessé, les saints oracles,
Le don des langues, les miracles;
La science aura son déclin.
L'amour, la charité divine,
Éternelle en son origine,
Jamais ne connaîtra de fin.

9. Soutenu par un Dieu propice,
De notre céleste édifice
La foi vive est le fondement;
La sainte espérance l'élève;
L'ardente charité l'achève,
Et l'assure éternellement.

Cantique 137. — AIR 32.

1. Toi qui dans la nuit de la vie
Es descendu pour nous chercher,
Toi dont la mort, sainte et bénie,
A la mort vint nous arracher,
Toi qui nous gardes sous ton aile,
Et nous réchauffes sur ton cœur,
Vainqueur de notre âme rebelle,
Du monde entier rends-toi vainqueur.

2. Sur ses dangers, sur ses ténèbres,
Comment ne gémiraient-ils pas,

Ceux qui de ces routes funèbres
Ont à peine arraché leurs pas ;
Et ceux que l'amour le plus tendre
Affranchit, sauva sans retour,
N'ont-ils point de pleurs à répandre
Sur le mépris d'un tel amour?

3. Oh ! qui connaîtrait la misère
Qu'aux pécheurs promet ton courroux,
Devant toi, Dieu saint et sévère,
Passerait sa vie à genoux.
Et qui connaîtrait ta tendresse
Pour ceux que tu pus consumer,
A leurs genoux serait sans cesse
Pour les supplier de t'aimer.

4. Si nos pleurs ne les touchent guère,
Toi du moins tu les entendras ;
Toi du moins, dans ton cœur de père,
Seigneur, tu les recueilleras !
Tu révèleras ta justice
A ceux qui ne t'ont pas prié,
Qui, repoussant ton sacrifice,
D'eux-mêmes n'ont pas eu pitié!

5. Réponds aux cris de ton Église ;
Il en est temps, Seigneur! accours ;
Fais briller l'aurore promise
Et le soleil des derniers jours.
D'apôtres suscite une armée ;
Et que, sur la terre et les mers,

La grande Nouvelle semée
Fasse tressaillir l'univers!

6. La terre, de ton sang baignée,
Seigneur, n'est-elle pas à toi?
Parais, Victime dédaignée!
Parais, et lui montre son roi;
Son roi, son frère, son refuge,
Et dans la vie et dans la mort;
Son maître ici, là-haut son juge
Au jour terrible du Dieu fort.

7. Oh! dans nos cœurs qui te supplient
Mets plus de zèle, plus de foi;
Qu'en t'honorant ils s'humilient,
Qu'ils ne rendent gloire qu'à toi.
Et quand nous prêchons à la terre
Ta grâce et ta fidélité,
Prêche-nous ta loi, notre Père,
A nous qui savons ta bonté.

8. Oh! si le monde tarde encore,
Toute la faute en est à nous,
A nous, la cymbale sonore,
Vain bruit aux noces de l'Époux!
Ah! change en œuvres nos paroles;
En dévoûment change nos vœux;
Fais-nous chrétiens! et les idoles
Tomberont partout sous les cieux!

Cantique 138. — AIR 32.

1. Toi dont la voix créa les mondes,
 Fils éternel du Tout-Puissant,
 Sagesse, vérité profondes,
 Sauveur tendre et compatissant,
 Jésus, tu vois ta créature
 Prosternée aux pieds de son Roi;
 Suprême auteur de la nature,
 O Seigneur, prends pitié de moi!

2. O toi, qu'une étable a vu naître,
 O toi qui, pour guérir nos maux,
 Par toi-même as voulu connaître
 Nos souffrances et nos travaux;
 Jésus, qu'implore ma misère,
 Toi qui rassures mon effroi,
 Toi que j'ose appeler mon frère,
 O Seigneur, prends pitié de moi!

3. De l'inexorable justice
 Toi qui vins épuiser les traits,
 Qui fléchis, marchant au supplice,
 Sous ta croix et sous nos forfaits,
 Jésus, qui sur le bois infâme,
 Où vient te contempler la foi,
 Pour mon âme donnas ton âme,
 O Seigneur, prends pitié de moi

4. O toi, que la tombe vaincue
 Rendit aux suprêmes clartés,

Qu'au ciel a transporté la nue,
Premier-né des ressuscités ;
Jésus qu'attend l'humble espérance
De quiconque s'assure en toi,
Trésor de sainte délivrance,
O Seigneur, prends pitié de moi !

5. O toi, bientôt céleste juge
Des humains confus à tes pieds ;
Tendre ami, fidèle refuge
Des pécheurs réconciliés,
Jésus, ô toi, dont l'amour range
Sans effort les cœurs sous ta loi,
Sauveur de l'homme et Roi de l'ange,
O Seigneur, prends pitié de moi !

Cantique 139. — AIR 3.

1. C'est de toi, Père saint, que j'attends ma justice ;
Sur tes compassions se repose mon cœur ;
Tu voulus de tout temps nous être un Dieu propice,
Et tu nous destinais un parfait Rédempteur. (bis.)

2. Aux jours marqués par toi pour racheter mon âme,
Il s'est anéanti ce Sauveur éternel.
Né pauvre, il vécut pauvre, et sur un bois infâme
Mourant, il m'a rouvert les portes de son ciel. (bis.)

3. Heureux qui, connaissant sa profonde misère,
Sur ce divin Sauveur se repose avec foi !

Il reçoit son pardon, il trouve en toi son Père;
Il obtient ton Esprit pour pratiquer ta loi. (*bis*.)

4. Croissant en charité, il est exempt de crainte;
Pour lui de chaque bien s'augmente la douceur;
En souffrant, il ne fait entendre nulle plainte :
Ne sait-il pas que tout concourt à son bonheur? (*bis*.)

5. Non, ni la pauvreté, ni la mort, ni la vie,
Rien ne peut le priver de ton puissant amour.
S'il vit, c'est dans la paix, car il te glorifie;
S'il meurt, c'est pour régner au céleste séjour. (*bis*.)

6. Augmente donc en moi, grand Dieu ! la repentance;
Que par la foi sur Christ mon œil soit arrêté,
Et que ton Saint-Esprit scelle mon espérance
En faisant abonder en moi la charité ! (*bis*.)

Cantique 140. — AIR 95.

1. Source de tous les biens où nous devons prétendre,
    Aimable et doux Sauveur,
En cet heureux moment de toi je veux attendre
    Les dons de ta faveur. (*bis*.)

2. De toutes mes langueurs, de toutes mes faiblesses,
    Tes yeux sont les témoins;
Et du plus haut du ciel, d'où tu fais tes largesses,
    Tu vois tous mes besoins. (*bis*.)

3. Tu sais quels biens surtout sont les plus nécessaires
        A mon cœur abattu,
Et combien dans l'excès de toutes mes misères
        Je suis pauvre en vertu. (*bis.*)

4. Je me tiens à tes pieds, chétif, nu, misérable ;
        J'implore ta pitié,
Et j'attends, quoiqu'indigne, un effort adorable
        De ta pleine bonté. (*bis.*)

5. Daigne, daigne repaître un cœur qui ne mendie
        Qu'un morceau de ton pain,
De ce pain tout céleste et qui seul remédie
        Aux rigueurs de sa faim. (*bis.*)

6. Dissipe mes glaçons par cette heureuse flamme
        Qu'allume ton amour,
Et sur l'aveuglement qui règne dans mon âme
        Répands un nouveau jour. (*bis.*)

7. Sois l'unique douceur, sois l'unique avantage
        Qui puisse m'arrêter ;
Sois seul toute la viande et seul tout le breuvage
        Que mon cœur veut goûter. (*bis.*)

8. Deviens tout son amour, toute son allégresse,
        Tout son bien, tout son but ;
Deviens toute sa gloire et toute sa tendresse,
        Comme tout son salut. (*bis.*)

Cantique 141. — AIR 19.

1. Sur ton Église universelle,
   Objet constant de ton amour,
   Oh! que ta grâce paternelle,
   Seigneur, se déclare en ce jour!
   Tes enfants, avec confiance,
   Partout fléchissent les genoux;
   Ne trompe pas leur espérance :
   Jésus! sois au milieu de nous.

2. Des promesses de ta Parole,
   Seigneur, daigne te souvenir!
   Que ton Esprit-Saint nous console
   Et nous apprenne à te bénir!
   Ouvre nos yeux à ta lumière;
   Change et maîtrise notre cœur;
   Et que ton Église en prière
   Obtienne une ère de bonheur!

3. Que l'Évangile se répande
   De l'aurore jusqu'au couchant!
   Que de tous côtés l'on entende
   Le même cri, le même chant!
   Que les peuples les plus sauvages
   Viennent se ranger sous la croix;
   Et que tous rendent leurs hommages
   A l'invincible Roi des rois!

Cantique 142. — AIR 5.

1. O mon Sauveur ! j'ai mis mon espérance
En ton amour tant de fois éprouvé !
C'est de toi seul que vient la délivrance ; } *bis.*
Je veux bénir celui qui m'a sauvé.

2. Il faut aimer le Dieu qui nous délivre.
Dès qu'on l'invoque on le voit accourir.
C'est pour l'aimer, c'est pour lui qu'il faut vivre, } *bis*
Et c'est en lui surtout qu'il faut mourir.

3. J'ai vu la mort, j'ai senti sa présence ;
Elle glaçait et mes sens et mon cœur.
Seul, entouré de deuil et de silence, } *bis.*
Faible et mourant, j'appelais mon Sauveur.

4. Dans cet abîme où gisait ma misère,
Quel bras humain m'apporta du secours ?
J'ai des amis : quel ami sur la terre } *bis.*
Sut le danger qui menaçait mes jours ?

5. O mon Sauveur ! tu pouvais seul entendre
Le cri perdu dont je frappais les airs.
Tu l'entendis : ta main divine et tendre } *bis.*
Me vint répondre au fond de ces déserts !

6. Chante, ô mon âme ! et bénis sa clémence ;
Il m'affranchit des horreurs du trépas.
Bénis-le encor d'une autre délivrance : } *bis.*
Dans ses sentiers il affermit mes pas.

7. Son Évangile est là qui me redresse,
En m'éclairant sur mes fausses vertus.
Son sacrifice est ma grande richesse, } *bis.*
Et les péchés qu'il lave ne sont plus.

8. O Père! ô Fils! ô Saint-Esprit! j'embrasse,
En t'adorant, mon unique trésor!
Je veux t'aimer dans ce monde qui passe, } *bis.*
Dans l'avenir je veux t'aimer encor!

Cantique 143. — AIR 40.

1. Le voyageur, perdu dans une nuit d'orage,
Debout, l'œil attentif, observe au loin la plage,
Et craint de sommeiller.
Tels nous nous égarons sur les sentiers du monde;
La nuit nous enveloppe et le tonnerre gronde :
Frères, il faut veiller. (*bis.*)

2. L'homme sage et prudent veille, quand il sait l'heure
Où l'avide larron, profanant sa demeure,
Viendra le dépouiller.
Nous connaissons aussi celui que l'on doit craindre;
A toute heure, en tout lieu, son bras peut nous atteindre :
Frères, il faut veiller. (*bis.*)

3. Recueillant tous les bruits qui frappent son oreille,
Ses armes à la main, l'homme de guerre veille
Jusqu'à l'aube du jour.

Veillons aussi, veillons sous notre armure sainte,
Jusqu'au temps où la mort nous ouvrira l'enceinte
    Du céleste séjour. (*bis.*)

4. Voyez près de son fils une mère attentive :
Elle veille sans cesse, inquiète, craintive,
    Pour diriger ses pas.
Notre âme attend de nous la même vigilance :
Oh! tandis qu'en tremblant vers la tombe elle avance,
    Frères, ne dormons pas. (*bis.*)

5. Gardons bien notre cœur, d'où procède la vie :
Étouffons dans leur germe, et l'orgueil, et l'envie,
    Et tout désir mauvais.
Chassons de nos discours toute parole vaine,
Et marchons par l'Esprit sur la route qui mène
    A l'éternelle paix. (*bis.*)

6. Mais à la vigilance unissons la prière.
Qui veille sans prier va bientôt en arrière
    Au gré des passions.
Frères, l'esprit est prompt, mais la chair est fragile :
Pour obtenir les biens promis par l'Évangile,
    Veillons donc et prions. (*bis.*)

Cantique 144. — AIR 64.

1. De tout mon cœur, dans tous les lieux
   Où les hommes droits et pieux

Forment leurs saintes assemblées,
Je rendrai mes vœux au Seigneur,
Je célèbrerai son honneur
Par des louanges redoublées.

2. Qu'ils sont grands, ô Dieu, tes projets!
Qu'ils sont merveilleux tes hauts faits!
Que l'étude en est agréable!
Partout brille ta majesté;
Et pour nous, Seigneur, ta bonté
Est un trésor inépuisable.

3. Par des miracles glorieux,
Son bras puissant, devant nos yeux,
A fait éclater sa clémence.
Sa faveur toujours nous soutient,
Et pour Jacob il se souvient
De son éternelle alliance.

4. C'est ce qu'à son peuple il fit voir,
En lui donnant, par son pouvoir,
Des autres peuples l'héritage.
Partout brille sa vérité,
Et partout sa fidélité
Se fait connaître d'âge en âge.

5. Les saints règlements qu'il a faits
Ont été fondés pour jamais
Sur l'équité, sur la droiture :
Son bras puissant a délivré,
Et de sa bouche il a juré
Un saint accord qui toujours dure.

6. Craindre le nom de l'Éternel,
Voilà, pour l'homme criminel,
Par où commence la sagesse.
Heureux l'homme qui craint ainsi!
Que bientôt on le voie aussi
Célébrer l'Éternel sans cesse!

Cantique 145. — AIR 58.

1. Éternel! Tout-Puissant! Dieu rempli de tendresse!
De ton ciel sur nous tous que ton regard s'abaisse!
Bénis tes serviteurs, qui viennent, en ce jour,
Célébrer de ton Fils et le règne et l'amour.

2. O bonheur! jusqu'à nous il est venu ce règne!
Élève, ô Rédempteur, élève aussi l'enseigne
Vers les peuples errant dans l'ombre de la mort,
Qui sans toi, Dieu Sauveur! périssent loin du port.

3. Que sur eux brille enfin l'éclat de ta lumière!
Seigneur, n'as-tu pas vu leur profonde misère?
Oui, ton cœur s'est ému! Tu parais, et soudain
Tout l'enfer a tremblé sous ta puissante main.

4. Par ta voix réveillés, tes messagers fidèles
S'élancent, en ton nom, vers les peuples rebelles.
Ils marchent au combat, pleins d'une sainte ardeur;
La Bible est en leurs mains, ton amour dans leur cœur.

5. Envoyés du Très-Haut, ah! poursuivez sans crainte!
L'Éternel vous bénit de sa demeure sainte;
Que la paix soit sur vous et porte dans vos cœurs,
Au sein de vos travaux, ses divines douceurs!

6. En tous lieux publiez ce céleste message;
Qu'importe que Satan fasse gronder l'orage?
Dites aux nations que Christ est le Sauveur,
Que son sang fut versé pour la paix du pécheur.

7. Esprit-Saint! chaque jour, dépose en eux les flammes
Du zèle, de la foi, du saint amour des âmes!
Pour le nom de Jésus rends-les victorieux!
Maître de la moisson, nous te prions pour eux!

Cantique 146. — AIR 97.

1. Entonnons en ce jour un cantique nouveau
A l'honneur de Jésus qui sort de son tombeau.
Il a de notre Juge apaisé la colère;
Il a fait notre paix avec Dieu notre Père.

2. Pour nous, ce Fils de Dieu s'est revêtu d'un corps;
Pour nous, il est entré dans le séjour des morts,
Après avoir souffert une peine infinie,
Et perdu sur la croix son innocente vie.

3. Publions son triomphe : il est ressuscité!
Il règne dans le ciel tout plein de majesté.

Les esprits bienheureux, qui contemplent sa gloire,
Célèbrent ses vertus, ses combats, sa victoire.

4. Ressuscitons, chrétiens, avec notre Sauveur;
Suivons ce divin chef, ce glorieux vainqueur;
Et détachons nos cœurs des choses de la terre,
Dont la gloire et les biens n'ont que l'éclat du verre.

5. Élevons nos esprits vers les biens éternels;
Si nous sommes ici malheureux et mortels,
Sachons que notre vie avec Christ est cachée
Dans le sein du Très-Haut qui nous l'a destinée.

6. Quand notre Rédempteur redescendra des cieux,
Nous paraîtrons alors avec lui glorieux;
Le voyant tel qu'il est, nous lui serons semblables,
Et nous célèbrerons ses bontés ineffables.

Cantique 147. — AIR 24.

1. Espoir de toute créature,
Paix du monde, amour des élus,
Du fond de ma prison obscure,
Je t'invoque, divin Jésus!
O daigne, céleste lumière,
Luire dans la nuit de mon cœur!
Je suis seul; ma peine est amère,
Et n'a point de consolateur.

2. Il me souvient des jours tranquilles
Où, sous ta garde et sous tes yeux,

Je m'avançais à pas dociles
Au but que tu montrais des cieux.
Tout m'était doux, facile, aimable,
Car tout ce qu'à mon cœur gagné
Demandait ta loi respectable,
D'avance je l'avais donné.

3. Tous les dons que ta main dispense,
Ils auraient pu tarir pour moi :
Au plus profond de l'indigence
Je n'aurais pas douté de toi.
Seul délaissé dans la nature,
Seul privé du bonheur de tous,
Courbant la tête sans murmure,
J'aurais été fier de tes coups.

4. Quand j'aurais vu la solitude
Croître et s'étendre autour de moi,
Isolé dans la multitude,
Mon cœur n'eût pas douté de toi.
Ta présence, Être que j'adore!
Ton amour peuplait mes déserts;
Un ami me restait encore
A tous les coins de l'univers.

5. Soleil de mes belles journées,
Astre lumineux de mes nuits,
Ainsi s'éclairaient mes années
Des feux sacrés dont tu reluis.
Dans l'abîme plein de mystère
Où le passé fuit jour à jour,

Jour à jour jetant ma misère,
Je marchais conduit par l'amour.

6. O Frère! ô Dieu de mon enfance,
Je t'ai repoussé loin de moi;
Pauvre étranger en ta présence,
Je ne suis rien, plus rien pour toi.
Je languis au désert du monde
Sans guide, sans foi, sans espoir;
Mon bonheur a fui comme l'onde,
Et mon matin ressemble au soir.

7. Mais sur ces maux, ô divin Maître!
C'est toi qui m'apprends à gémir,
Toi qui dans mon cœur fais renaître
Ce doux et triste souvenir.
Sous mes lèvres tu troubles l'onde,
Tu brises le vase où je boi;
Car tu ne veux pas que ce monde
M'offre un bonheur qui n'est qu'en toi.

8. Non, ta bonté n'est pas absente,
Non, ton amour n'est pas éteint,
Et sur cette route glissante
Ta grâce m'arrête et m'étreint.
Je suis ton butin, ta conquête,
Le prix de tes longues douleurs.
O Christ! ta puissante requête
Te rendra le fils de tes pleurs!

9. Dieu! si ta grâce que j'appelle,
Ta grâce que je crois sentir,

Daigne remplir mon cœur rebelle
De tendresse et de repentir ;
Par quels chants inconnus de l'ange,
Puisque l'ange a gardé tes lois,
Célébrerai-je tes louanges,
O Dieu qui m'as sauvé deux fois !

Cantique 148. — AIR 78.

1. Que le Seigneur tes vœux entende
   Dans ta nécessité !
  Que son puissant nom te défende
   Dans ton adversité !

2. Que de Dieu, quand tu fais ta plainte,
   Te vienne un prompt secours !
  Que de Sion, sa maison sainte,
   Il t'écoute toujours !

3. A tes dons se montrant propice,
   Que par le feu du ciel
  Il consume le sacrifice
   Offert sur son autel !

4. Qu'il daigne exaucer tes prières,
   Et notre camp joyeux
  Déploîra toutes ses bannières
   En son nom glorieux.

5. Le voilà ce Dieu favorable
   Qui délivre son Oint.

Sa droite toujours secourable
    Au roi ne manque point.

6. L'un en ses chars a confiance,
    Et l'autre en ses chevaux;
  Mais nous implorons ta puissance,
    Seigneur, en tous nos maux.

7. Aussi voyons-nous abolie
    Leur fière vanité,
  Et notre force rétablie,
    O Dieu de sainteté!

8. Éternel, veuille nous défendre!
    Et daigne, ô puissant Roi!
  Au jour du danger nous entendre
    Et calmer notre effroi!

Cantique 149. — AIR 18.

1. Il est en Israël une source abondante
  Qu'Emmanuel remplit de son sang précieux,
  Et tout mortel qui met en lui seul son attente
  Y lave pour jamais ses péchés odieux.

2. Divin Agneau de Dieu! du sang de l'alliance,
  Répandu sur la croix pour de pauvres pécheurs,
  Jusqu'à la fin des temps durera la puissance;
  Et tous les rachetés seront plus que vainqueurs.

3. Le brigand converti trouva dans ce refuge
  Une espérance vive à ses derniers moments.

Coupable comme lui, tremblant devant mon Juge,
C'est là que j'ai cherché la fin de mes tourments.

4. Misérable et pécheur, j'ai la ferme assurance
D'un salut tout gratuit à grand prix acheté.
L'Évangile au captif promet la délivrance ;
Au malade, au mourant, il promet la santé.

5. Je reprendrai mes chants dans un plus doux langage
Quand la mort aura clos mes lèvres pour jamais ;
Et mon âme, échappée à son dur esclavage,
Changera d'instrument et non pas de sujet.

6. Sur une harpe d'or, par mon Dieu préparée,
Je chanterai l'amour et le nom glorieux
Du Berger qui chercha sa brebis égarée
Et la prit dans ses bras pour la porter aux cieux.

Cantique 150. — AIR 87.

1. Quand l'homme ouvrit, dans son délire,
Les portes de ton saint empire
Au péché, que suivit la mort,
Tu daignas promettre à la terre,
Pour mettre un terme à sa misère,
Le don d'un Sauveur, ô Dieu fort !
   Et voici, les anges
   Disent tes louanges :
     Jésus est né !
Tu l'as promis, tu l'as donné. (*bis*.)

2. Il apparaît, mais sa venue
   Est pour notre race déchue
   Ce qu'est le jour pour l'œil éteint;
   Et l'homme n'eût pu le connaître
   Si, pour lui révéler son Maître,
   Tu n'eusses promis l'Esprit-Saint.
      Par un saint baptême
      Tu bénis toi-même
        Tous tes élus;
   Tes dons sur nous sont répandus! (bis.)

Cantique 151. — AIR 7.

1. Esprit-Saint, notre Créateur,
   Et notre grand Consolateur,
   Rends-toi le maître de nos âmes!
   Esprit du Dieu de vérité,
   Éclaire-nous par ta clarté
   Et nous embrase de tes flammes!
   Esprit de Jésus, notre roi,
   Augmente notre faible foi!

2. Humilie et change nos cœurs;
   Règle notre vie et nos mœurs;
   Produis en nous la repentance,
   Une parfaite humilité,
   Une sincère charité,
   Une constante patience.
   Opère dans nous puissamment,
   Et fais-nous vivre saintement.

3. Divin Esprit, ne permets pas
Que le monde et tous ses appas
Puissent nous corrompre et séduire.
Veuille inspirer à nos esprits
Un grand et généreux mépris
Pour tout ce que le monde admire.
Fais-nous penser incessamment
A notre mort, au jugement.

4. Répands dans nos âmes ta paix
Et bénis nos justes projets ;
Imprime en nos cœurs ta Parole,
Triomphe de nos passions ;
Dans toutes nos afflictions
Exauce-nous et nous console !
Soutiens-nous dans tous nos combats ;
Dirige et conduis tous nos pas !

5. Subviens à nos infirmités !
Protége les persécutés
Jusques à la grande journée
Où Jésus viendra couronner
Sa chère épouse, et lui donner
La gloire qu'il a destinée
A ceux qui, l'aimant constamment,
Attendent son avénement.

Cantique 152. — AIR 67.

1. L'Éternel seul est mon tout, mon partage ;
De son amour mon cœur a fait le choix.

Il me nourrit dans un gras pâturage,
Ce bon Berger dont je connais la voix.
Au bord des eaux, par un sentier facile,
Il me dirige, arbitre de mon sort;
Et, dans ses bras, je traverse tranquille
Le noir vallon de l'ombre de la mort.

2. Mon âme est-elle agitée, inquiète?
A mon Sauveur aussitôt j'ai recours,
Et, protégé par sa sainte houlette,
Je trouve en lui ma force et mon secours.
Mes ennemis sont-ils en ma présence?
Son bras puissant assure mon repos.
Par sa bonté j'ai tout en abondance;
Il m'enrichit de biens toujours nouveaux.

3. O mon Seigneur! que ta grâce infinie,
Dont je connais la céleste valeur,
Jusqu'à la fin de cette courte vie
A chaque instant enrichisse mon cœur.
Puisse ta main, au bout de la carrière,
Me transporter dans le séjour du ciel!
Je quitterai ton autel sur la terre
Pour t'adorer dans ton temple éternel.

Cantique 153. — AIR 5.

1. Sur mon chemin l'éternité s'avance;
Pour moi le temps fait un pas aujourd'hui;
Mais le Seigneur m'a donné l'espérance: ⎫
Elle subsiste et repose sur lui. ⎭ *bis.*

2. Combien de fois et des ans et des heures
   Mes yeux lassés ont mesuré le cours !
   O Dieu ! disais-je, ouvre-moi ces demeures ⎫ *bis.*
   Où dans ton sein je vivrai pour toujours. ⎭

3. De ton amour la vivante étincelle
   Brûle en mon cœur qu'a rajeuni la foi ;
   Tu l'allumas, ô Bonté paternelle ! ⎫ *bis.*
   Quand tu me dis : Prie et regarde-moi. ⎭

4. Je regardai. L'auteur de ma justice
   D'un nouveau jour illumina mes yeux ;
   Et je bénis ce parfait sacrifice ⎫ *bis.*
   Qui m'a rouvert le royaume des cieux. ⎭

5. Puisque toi-même as, de ton huile sainte,
   Pourvu ma lampe et nourri mon espoir,
   A ton appel j'obéirai sans crainte ; ⎫ *bis.*
   Hâte, Seigneur, hâte l'heure du soir. ⎭

6. Mais c'est à toi de régler ma carrière ;
   Je te désire et ne murmure pas ;
   Dis seulement qu'à mon heure dernière ⎫ *bis.*
   Je trouverai mon refuge en tes bras. ⎭

7. Je sens déjà que de ton alliance
   Rien, ô Jésus ! ne peut briser le sceau ;
   Et que je dois marcher sans défiance, ⎫ *bis.*
   Le front couvert de ton divin bandeau. ⎭

8. Aux mauvais jours si mon âme chancelle,
   Si mes genoux fléchissent en chemin,
   Ah ! de ma foi ranime l'étincelle ; ⎫ *bis.*
   Tends-moi du ciel ta secourable main. ⎭

9. Et maintenant, que le temps vous consume,
   Dieux d'ici-bas, vain renom, vain plaisir ;
   De vos douceurs j'ai connu l'amertume ; ⎫ bis.
   En Jésus seul je veux vivre et mourir. ⎭

10. Non, rien en vous désormais ne m'arrête.
    O monde, ô temps ! je suis en liberté !
    Car sous la croix j'ai trouvé ma retraite, ⎫ bis.
    Et là déjà s'ouvre l'éternité. ⎭

Cantique 154. — Air 5.

1. A mon Seigneur l'Éternel dit lui-même :
   Viens à ma droite et t'y sieds désormais ;
   Et je mettrai, par mon pouvoir suprême, ⎫ bis.
   Tes ennemis sous tes pieds pour jamais. ⎭

2. Le sceptre heureux de ton puissant empire
   Va de Sion s'étendre en mille lieux.
   Le Tout-Puissant lui-même te vient dire : ⎫ bis.
   Règne au milieu de tous tes envieux ! ⎭

3. Au jour si saint de ta pompe éclatante,
   Ton peuple prompt sous toi se rangera ;
   Tel qu'au matin la rosée abondante, ⎫ bis.
   Dès ton printemps, la terre il couvrira. ⎭

4. Il l'a juré, ce Dieu sous qui tout tremble,
   Et son serment est digne de respect ;
   C'est qu'à jamais tu seras tout ensemble ⎫ bis.
   Grand-Prêtre et Roi, tel que Melchisédec. ⎭

5. A tes cotés, ce même Dieu, ton Père,
   Secondera tes merveilleux exploits;
   Et sa puissance, au jour de sa colère, } bis.
   Renversera les princes et les rois.

6. Des nations son bras fera justice,
   Et de corps morts les champs seront couverts;
   Il détruira, par un dernier supplice, } bis.
   Le fier tyran de cent peuples divers.

7. Il poursuivra l'ennemi dans la plaine;
   Sans s'arrêter, du torrent il boira;
   Et remportant une victoire pleine, } bis.
   La tête haute enfin il marchera.

Cantique 155. — AIR 10.

1. Du sein de la gloire éternelle,
   Seigneur! quand ta voix nous appelle,
   Comment nous diriger vers toi?
   Qui soutiendra notre faiblesse?
   Dans le péril ou la tristesse,
   Qui ranimera notre foi?

2. C'est toi-même dont la puissance
   Nous incline à l'obéissance,
   En nous donnant un nouveau cœur;
   Toi qui parles de paix à l'âme,
   Et viens par ta divine flamme
   La remplir d'une sainte ardeur.

3. Tu nous inspires la prière,
   Doux refuge où la peine amère

S'épanche ainsi que notre amour.
Tu nous accordes l'espérance,
Et l'immuable confiance,
Qui s'accroît jusqu'au dernier jour.

4. A l'heure où notre foi chancelle,
Affermis-nous, Sauveur fidèle ;
En toi seul est la sûreté.
Viens donc, notre ami, notre frère,
Et répands sur notre misère
Le reflet de ta sainteté.

5. Plus notre âme se sent coupable,
Et plus l'angoisse nous accable
Au souvenir de nos forfaits,
Plus ton insondable clémence
Daigne nous rendre l'innocence,
Et nous combler de tes bienfaits.

6. Ah ! puissions-nous toujours entendre
Les appels de la voix si tendre
Qui nous dit : Venez tous à moi !
Puissions-nous, au trône de grâce,
Chercher ton pardon efficace,
Seigneur ! et demeurer en toi !

Cantique 156. — AIR 7.

1. Jésus, par un suprême effort,
Vainqueur de l'enfer, de la mort,
Vivant, immortel, doit paraître.
Il est temps, descendez des cieux ;

Anges, dans ce jour glorieux,
Ouvrez la tombe à votre maître.
Quel tremblement ! quelle clarté !
Le Seigneur est ressuscité !

2. Ce Jésus, pauvre et méprisé,
Sur un bois maudit exposé
Aux douleurs, à l'ignominie,
En un trône a changé sa croix ;
Et, élevé sur tous les rois,
Maître de la mort, de la vie,
Triomphant, plein de majesté,
Le Seigneur est ressuscité !

3. Le démon, le prince de l'air,
Confondu, s'enfuit dans l'enfer,
Aux premiers rayons de sa gloire.
Tous tes efforts sont superflus,
O Mort ! tes traits ne portent plus ;
Tu perds ta proie et la victoire !
Le triomphe nous est resté :
Le Seigneur est ressuscité !

4. L'heureuse paix dont, en mourant,
Christ fut l'auteur et le garant,
Dieu l'accepte et la ratifie.
Doux fruit d'une céleste paix !
Qui condamnera désormais
Les élus que Dieu justifie ?
Rien ne manque à leur sûreté :
Le Seigneur est ressuscité !

5. Tout est pardonné, tout remis ;
Le ciel ouvert, ses biens promis,
Et la foi jointe à l'innocence.
Croyons ! sortons de nos tombeaux,
Hommes vivants, hommes nouveaux !
Persévérons ! Et par avance,
Saisissons l'immortalité :
Le Seigneur est ressuscité !

6. Oh ! quand, enlevés de ces lieux,
Se présenteront à nos yeux
Du ciel les régions nouvelles ?
Et quand, dans ce brillant séjour,
Verrons-nous commencer le jour
Des félicités éternelles ?
Il viendra, ce jour souhaité :
Le Seigneur est ressuscité !

Cantique 157. — AIR 78.

1. O Dieu ! c'est dans ta Sion sainte
   Que tu seras loué ;
C'est là qu'avec respect et crainte
   Tout honneur t'est voué.

2. Et puisque tu daignes entendre
   Nos vœux et nos soupirs,
Tous les peuples viendront s'y rendre,
   Pleins des mêmes désirs.

3. Hélas ! nos erreurs et nos vices
   Allumaient ton courroux ;

Mais, Seigneur, tes bontés propices
    T'apaisent envers nous.

4. Oh! qu'heureux l'homme se peut dire
    Qu'il t'a plu d'adopter!
Dans tes parvis il se retire :
    Tu l'y fais habiter.

5. Des biens que tu nous voudras faire
    Nos cœurs se rempliront.
Des douceurs de ton sanctuaire
    Nos âmes jouiront.

6. Tes arrêts toujours équitables,
    Grand Dieu! qui nous soutiens,
Par des vengeances effroyables
    Se font connaître aux tiens.

7. Aussi, jusqu'aux deux bouts du monde,
    Tout s'assure sur toi;
Et tout, sur la terre et sur l'onde,
    Se règle sur ta loi.

8. Ceint de tes forces redoutables,
    De grandeur revêtu,
Tu rends les monts inébranlables
    Par ta seule vertu.

9. Les vagues de la mer bruyante
    S'abaissent sous ta main;
Tu parles... l'émeute inconstante
    Se termine soudain.

10. Voyant tes œuvres sans pareilles,
    Les peuples étonnés

Admirent tes hautes merveilles,
Même aux lieux éloignés.

11. Des bords où le soleil se lève,
Ramenant la clarté,
Au bords où sa course s'achève,
Tout chante ta bonté !

12. Si nos guérets et nos prairies
Languissent, faute d'eau,
Tu leur rends, par tes riches pluies,
Un air riant et beau.

13. D'en haut la terre est arrosée ;
Nos sillons sont comblés ;
Leur soif est enfin apaisée,
Et tu bénis nos blés.

14. L'automne, de fruits couronnée,
Vient réjouir nos yeux.
Ta main verse, toute l'année,
Tes biens, du haut des cieux !

15. Les coteaux et leurs croupes vertes
Semblent se réjouir.
On voit jusqu'aux plaines désertes
Tous les ans s'embellir.

16. Les vallons, au pied des montagnes,
De grands blés sont couverts,
Et l'on voit paître, en nos campagnes,
Mille troupeaux divers.

17. En un mot, la nature entière,
　　Par de muets accords,
　　Célèbre Dieu, qui sur la terre
　　Répand tant de trésors.

Cantique 158. — AIR 22.

1. N'éloigne pas de moi ta droite secourable.
　Viens, ô Maître du ciel! viens, ô Dieu de mon cœur!
　Ne me refuse pas un regard favorable
　　Qui vienne en aide à ma langueur. (*bis.*)

2. Vois les pensers divers qui m'assiégent en foule;
　Vois-en les légions contre moi se ranger;
　Vois quel excès de crainte en mon âme se coule;
　　Vois-la gémir et s'affliger. (*bis.*)

3. Contre tant d'ennemis prête-moi tes miracles
　Pour passer au travers sans en être blessé,
　Et donne-moi ta main pour briser les obstacles
　　Dont tu me vois embarrassé. (*bis.*)

4. Ne m'as-tu pas promis de leur faire la guerre?
　Ne m'as-tu pas promis de marcher devant moi,
　Et d'abattre à mes pieds ces tyrans de la terre,
　　Qui pensent me faire la loi? (*bis.*)

5. Oui, tu me l'as promis, et de m'ouvrir les portes,
　Si jamais leur fureur me jetait en prison,
　Et d'apprendre à ce cœur qu'enfoncent leurs cohortes,
　　Les secrets d'en avoir raison. (*bis.*)

6. Viens donc tenir parole, et fais quitter la place
　A ces noirs escadrons qu'arme et pousse l'enfer;

Ta présence est leur fuite, et leur montrer ta face,
    C'est assez pour en triompher. (*bis.*)

7. C'est là l'unique espoir que mon âme troublée
    Oppose à la rigueur des tribulations,
C'est là tout son recours quand elle est accablée
    Sous le poids des afflictions. (*bis.*)

8. Toi seul es son refuge, et seul sa confiance;
C'est toi seul qu'au secours son zèle ose appeler;
Donne-lui d'espérer en paix et patience
    Que tu daignes la consoler. (*bis.*)

Cantique 159. — air 6.

1. Depuis que mon Dieu, dans sa grâce,
    M'apprit à connaître Jésus,
    Je marche en paix devant sa face :
    Le péché ne me trouble plus.

2. Dans les sentiers de la sagesse
    Sa main me guide et me soutient;
    Et j'éprouve que sa tendresse
    Est le seul frein qui me retient.

3. En vain tous les sages du monde
    Auraient voulu dompter mon cœur;
    Cette science est trop profonde;
    Elle n'appartient qu'au Sauveur.

4. En lui seul j'ai compris la vie;
    En lui je ne crains plus la mort;
    Je puis tout, s'il me fortifie;
    Car mon Sauveur est le Dieu fort.

5. Mon cantique de délivrance
Vers lui montera pour jamais.
Aimer à chanter sa clémence
Est encore un de ses bienfaits.

Cantique 160. — AIR 15.

1. Non, rien en ma personne
N'est digne d'être aimé ;
Ce que Jésus me donne
Peut seul être estimé.
Jésus est ma justice,
Ma gloire, mon appui.
Il m'aime, il m'est propice,
Et je puis tout par lui. (bis.)

2. Nul ne peut à mon âme
Disputer son bonheur.
De l'enfer, de sa flamme,
Je ne sens nulle peur.
Le Seigneur, juste Juge,
Est mon plus tendre ami.
Son cœur est le refuge
Où je suis garanti. (bis.)

3. Son Esprit, qui réside
Au temple de mon cœur,
Est mon conseil, mon guide,
Ma garde, mon tuteur.
Quand je ne sais que dire,
Il forme mes désirs ;

Il m'instruit, il m'inspire
D'ineffables soupirs. (*bis.*)

4. Cet Esprit, qui console,
Dit à mon cœur chargé
Cette douce parole :
Tu seras soulagé !
Il est un tabernacle
Où, pour jamais heureux,
Tu verras, sans obstacle,
La face de ton Dieu. (*bis.*)

5. Dans la sainte demeure
Le lieu m'est préparé.
En quel temps que je meure,
Le ciel m'est assuré.
Suis-je dans la souffrance,
Il adoucit mes pleurs.
Sa divine présence
Soulage mes douleurs. (*bis.*)

6. Oui, malgré la tempête,
Jésus, à qui je suis,
Toujours sous sa houlette
Gardera sa brebis.
Dussé-je pour mon Maître
Perdre tout ici-bas,
A lui seul je veux être ;
Je ne le quitte pas. (*bis.*)

7. Si le monde présente
A mes yeux, à mon cœur,

    Sa pompe séduisante,
    Je regarde au Sauveur.
    Et fût-ce un ange même
    Qui voulût me tenter,
    Du sein de Dieu qui m'aime
    Il ne pourra m'ôter. (*bis.*)

8. De saints transports de joie
    Se saisissent de moi;
    Je vois clair dans ma voie,
    Et je marche avec foi.
    Jésus est la lumière
    Qui sur mon cœur reluit,
    L'étoile matinière
    Qui dissipe la nuit. (*bis.*)

Cantique 161. — AIR 1.

1. O Dieu! du fond des âges
    Une voix vient à nous,
    Confondant les plus sages,
    Se faisant tout à tous.
    Pour elle point d'obstacle,
    Elle arrive à son but;
    La croire est un miracle,
    La suivre est le salut. (*ter.*)

2. Cette voix éclatante
    Retentit en ce lieu;
    Elle devient vivante,
    Elle parle : c'est Dieu!

Oui, c'est Dieu; qu'on l'adore!
Son Esprit tout-puissant
Aujourd'hui frappe encore,
Et guérit en frappant. *(ter.)*

3. Aux coups de ta parole
Que de cœurs sont brisés!
Le plus dur rocher vole
En éclats dispersés;
Le cèdre tombe et roule,
En son orgueil surpris;
La glace fond et coule
Parmi de froids débris. *(ter.)*

4. Il n'est point de misère
Qui résiste à tes dons;
L'homme croit, aime, espère,
Sous tes divins rayons.
Leur feu le purifie
Et réchauffe son cœur;
Il vit, et c'est ta vie
Que tu lui rends, Seigneur. *(ter.)*

5. O grand Dieu! quelle grâce!
Nous entendons ta voix,
Nous contemplons ta face,
Nous recevons tes lois.
Que tout autre bruit cesse,
Et que de notre cœur
Le monde disparaisse :
Viens, parle-nous, Seigneur! *(ter.)*

6. Ta voix n'est plus lointaine ;
Nous l'entendons en nous.
O Bonté souveraine,
Que tes accents sont doux !
Ils pénètrent nos âmes
D'amour et de bonheur,
Et de tes saintes flammes
Nous font sentir l'ardeur. (*ter.*)

Cantique 162. — AIR 58.

1. O Seigneur Éternel, une nouvelle année,
Par ta grande bonté, nous est encor donnée.
Donne-nous donc aussi d'y vivre par la foi,
Et de la consacrer uniquement à toi.

2. Que ce soit pour nous tous l'an de la bienveillance !
Que ce soit l'an de grâce et de la délivrance !
Que notre âme docile à ta puissante voix,
Jésus ! trouve la paix à l'ombre de ta croix !

3. Nos jours sont en tes mains, notre course est bornée,
Et plusieurs sont entrés dans leur dernière année.
Veillons donc et prions, et s'il faut déloger,
Nous irons, pleins de joie, auprès du bon Berger.

4. Puissions-nous, en tout temps, croire à ton sacrifice !
Et par toi revêtus du manteau de justice,
Nous réjouir en toi, garder le bon dépôt !
Oui, Seigneur Jésus, viens ! Oui, Seigneur, viens bientôt !

Cantique 163.— AIR 99.

1. Heureux qui, des pervers détestant les maximes,
Leurs conseils, leurs complots, source impure de crimes,
    S'en éloigne saisi d'effroi ;
Et qui, pour l'Éternel plein d'amour et de crainte,
Médite sa Parole et fait de la loi sainte
    Son unique et suprême loi.

2. Comme un arbre planté près d'une eau fraîche et pure
Se revêt tous les ans d'une riche parure,
    De feuilles, de fleurs et de fruits ;
Tel, en tous ses labeurs, l'homme intègre prospère ;
L'Éternel est son Dieu, l'Éternel veille en père
    Et sur ses jours et sur ses nuits.

3. Mais malheur aux méchants ! Cette horde insensée
Sera comme la poudre au gré des vents chassée,
    Qui s'envole et qu'on ne voit plus.
Le Dieu qu'ils ont bravé confondra leur audace,
Et saura les contraindre à fuir loin de sa face,
    Loin du séjour de ses élus.

4. Oui, l'Être souverain que le monde révère,
Propice à la vertu, mais au crime sévère,
    Pèse les œuvres des mortels ;
Et, réglant leurs destins sur ses lois équitables,
Il réserve aux méchants des peines redoutables,
    Aux justes des biens éternels.

Cantique 164. — AIR 12.

1. Tous tes enfants accourent, pleins de joie,
   Dans tes parvis où ce jour les envoie;
   Car il est beau de célébrer ton nom, } *bis.*
   O notre Dieu, tout-puissant et tout bon!

2. Dire et redire à jamais tes louanges,
   C'est dans le ciel l'heureux emploi des anges;
   Bénir Jésus est pour le racheté } *bis.*
   Un avant-goût de la félicité.

3. Comment compter tes dons, ô Providence?
   Comment parler de ton amour immense,
   Divin Sauveur? Tes bienfaits sont sur nous! } *bis.*
   Nous ne pouvons que fléchir les genoux.

4. A tous les yeux fais briller ta lumière!
   A tous les cœurs inspire la prière!
   Révèle-toi comme Dieu créateur, } *bis.*
   Comme Dieu juste et Dieu libérateur.

5. En contemplant tes lois inviolables,
   En observant tes œuvres admirables,
   O Souverain! quel mortel ne craindra? } *bis.*
   O Créateur! qui ne t'adorera?

Cantique 165. — AIR 19.

1. Alléluia, gloire et louanges,
   Car d'une vierge un fils est né!
   Quel est cet enfant que les anges
   Bénissent Dieu d'avoir donné?

Il vient de naître en une étable ;
La croix sera son lit de mort ;
Et cependant c'est l'Admirable,
Le Tout-Puissant et le Dieu fort !

2. Pourquoi descend-il sur la terre,
Enveloppé d'un corps mortel ?
Vient-il, dans sa sainte colère,
De Baal renverser l'autel,
De quelque moderne Gomorrhe
Faire périr les habitants,
Ou peut-être ébranler encore
Le monde dans ses fondements ?

3. Non, Jésus dans les mains du Père
A laissé le glaive vengeur.
Ne tremble plus, pécheur, espère
En Dieu fait homme de douleur.
Il appelle à son alliance
Le cœur brisé, l'esprit contrit ;
Et, dans sa tendre préférence,
S'adresse au faible et au petit.

4. Qu'offrir à Dieu pour qu'il détourne
De nos têtes les châtiments ?
Pour que vers nous son cœur se tourne,
Suffirait-il d'un peu d'encens ?
Nul ne peut rendre Dieu propice
Que Jésus-Christ le Rédempteur.
Son sang offert en sacrifice,
Voilà la rançon du pécheur.

5. Approche donc, brebis muette,
Sauveur navré pour nos forfaits ;
Accomplis tout, baisse la tête :
En mourant donne-nous la paix !
Nous avons par ta meurtrissure
De nos âmes la guérison ;
Quand en ton amour on s'assure,
La mort n'a plus son aiguillon.

6. Que l'on raconte tes louanges,
Sauveur puissant, Roi de Sion !
Forme-toi de saintes phalanges
Qui se réclament de ton nom !
Que l'infidèle qui t'ignore
Brise l'idole de son choix ;
Qu'il se prosterne et qu'il t'adore,
Grand Dieu du ciel, Dieu de la croix !

Cantique 166. — AIR 18.

1. Seigneur ! lorsque la nuit s'étend sur la nature,
Mon âme avec amour s'élance jusqu'à toi ;
A toi qui, sous les traits d'une humble créature,
Des ombres de la mort t'enveloppas pour moi.

2. Mes saints transports vers toi se dirigent encore,
Lorsque d'or et de pourpre étincellent les cieux ;
Vers toi, divin auteur de l'éternelle aurore,
Qui du sombre tombeau sortis victorieux.

3. Quand le soleil répand des torrents de lumière,
C'est encore pour toi que tressaille mon cœur ;

Pour toi, de tant d'éclat cause unique et première,
Qui règnes, Roi des rois! mon Dieu, mon Créateur!

4. A l'heure où le repos fait naître le silence,
Je pense à toi, Seigneur! au terme de mes jours,
A la mort qui vers moi rapidement s'avance,
A toi, qui me feras revivre pour toujours.

Cantique 167. — AIR 3.

1. Ta Parole, Seigneur, est ma force et ma vie;
A nos sentiers obscurs elle sert de flambeau,
Et, semblable au soleil, sa clarté vivifie:
De ton amour pour nous c'est le don le plus beau. (bis.)

2. Elle est la vérité, la sagesse suprême;
Par elle je connais mon éternel destin.
Ce fidèle miroir me dévoile à moi-même,
Coupable et corrompu, quand je me croyais saint. (bis.)

3. Par ta Parole, ô Dieu, tu révèles ton être,
Ta grandeur, ton conseil, la gloire de ton nom.
Par elle notre cœur apprend à te connaître,
Père de Jésus-Christ, Dieu juste autant que bon. (bis.)

4. Livre consolateur inspiré par Dieu même,
Mes yeux se sont ouverts à tes vives clartés.
Oui, je sais maintenant que le Seigneur nous aime;
Tu montres à quel prix Dieu nous a rachetés. (bis.)

5. C'est toi qui nous soutiens au moment de la lutte,
Quand le mal veut en nous reprendre son pouvoir.
Tu garantis nos pas des dangers de la chute,
Et sur le lit de mort tu nous donnes l'espoir. (bis.)

6. Heureux celui qui croit la divine Parole;
Heureux celui qu'enseigne et que guide l'Esprit!
Heureux qui, détourné de ce monde frivole,
S'est assis humblement aux pieds de Jésus-Christ! (*bis*.)

7. Par ta Parole, ô Dieu! par ta puissante grâce,
Régénère mon cœur et viens régner en moi;
Et jusqu'à la journée où je verrai ta face,
Qu'ici-bas, en croyant, je marche devant toi! (*bis*.)

Cantique 168. — AIR 75.

1. Réveille-toi, peuple fidèle;
Pour louer Dieu tout d'une voix :
Sa louange fut toujours belle
Dans la bouche des hommes droits.
  La harpe et la lyre
  T'aideront à dire
  L'œuvre du Seigneur.
  Que de tes cantiques
  Les sons magnifiques
  Chantent sa grandeur.

2. Il veut, par sa loi souveraine,
Que partout la justice ait lieu.
Qui ne voit que la terre est pleine
De la grande bonté de Dieu?
  L'un et l'autre pôle
  Sont de sa parole
  L'effet glorieux.
  D'un mot fut formée

> La céleste armée
> Qui brille à nos yeux.

3. Il rassembla les eaux profondes,
   Les recueillant en un vaisseau :
   Il mit les ondes sur les ondes,
   Comme un trésor en un monceau.
   > Que toute la terre
   > Craigne son tonnerre,
   > Et qu'humiliés,
   > Tous ceux qui l'habitent
   > Sa colère évitent,
   > Soumis à ses pieds.

4. La chose, aussitôt qu'il l'eut dite,
   Eut son être dans le moment ;
   L'obéissance fut subite
   Et suivit le commandement.
   > L'Éternel méprise
   > La vaine entreprise
   > Des peuples divers ;
   > Sa juste puissance
   > Confond la prudence
   > Des hommes pervers.

5. Mais sa sagesse invariable
   Jamais ne change son dessein ;
   Et sa Providence immuable
   Marche toujours d'un même train.
   > Heureuse la race
   > Dont Dieu, par sa grâce,
   > Veut être le Dieu ;
   > Et que, d'âge en âge,

Comme son partage,
Il garde en tout lieu !

6. L'Éternel ici-bas regarde,
Nuit et jour, du plus haut des cieux ;
A tous les mortels il prend garde,
Et rien n'est caché pour ses yeux.
De son trône auguste
Ce roi saint et juste
Voit distinctement
Comment on s'agite,
Comment on l'irrite,
Sous le firmament.

7. C'est Dieu seul qui, par sa puissance,
Fit le cœur de tous les humains ;
Il démêle, avec connaissance,
Toutes les œuvres de leurs mains.
Au fort des alarmes,
Ni camp, ni gens d'armes,
Ne sauvent le roi :
Le fer, le courage
Sont de nul usage,
Éternel ! sans toi.

8. C'est en vain qu'on croit que l'adresse
D'un cheval puissant et léger,
Tirant son maître de la presse,
Le délivrera du danger ;
Mais Dieu de ses ailes
Couvre les fidèles,
Et veille toujours
Pour qui le révère,

>   Et qui tout espère
>   De son seul secours.

9. Si la mort vient à nous poursuivre,
    Le Seigneur lui retient la main ;
    Dans l'abondance il nous fait vivre,
    Quand partout on manque de pain.
>   Qu'ainsi donc notre âme
>   Toujours le réclame,
>   Et s'attende à lui.
>   Son trône immobile
>   Est seul notre asile,
>   Est seul notre appui.

10. Nos cœurs, pleins de reconnaissance,
    Béniront le nom du Seigneur ;
    Nous reposant sur sa clémence
    Nous célébrerons son honneur.
>   Sa miséricorde
>   Toujours nous accorde
>   Selon notre foi.
>   Remplis notre attente ;
>   Notre âme contente
>   Se confie en toi !

Cantique 169. — Air 97.

1. Divin chef de l'Église et notre unique espoir,
   Daigne au milieu de nous et descendre et t'asseoir ;
   Du mont des Oliviers rouvre la sainte école,
   Et sème autour de toi ta puissante parole.

2. En mille lieux divers devant toi rassemblés,
Tes amis, ô Jésus! t'ouvrent leurs cœurs troublés;
Ils élèvent vers toi, du milieu des orages,
Leurs regards suppliants, leurs soupirs, leurs hommages.

3. Au peuple des mondains, tout à coup réveillé,
Dans la langue des cieux l'Éternel a parlé;
Sa colère, à longs flots sur la terre épandue,
A prononcé son nom à la foule éperdue.

4. Ses jugements, tombant sur des peuples sans foi,
Ont répété pour lui : C'est moi! c'est encor moi!
La mort a célébré, d'une voix solennelle,
Celui qu'elle redoute et qui règne par elle.

5. Et nous, heureux enfants, ces scènes de douleur
Nous redisent le nom d'un Père et d'un Sauveur;
Nous lisons sa bonté dans ces pages divines
Où le monde n'a lu que vengeance et ruines.

6. Contre tous les fléaux ta croix est notre abri;
De ceux qu'elle a couverts pas un seul n'a péri :
A l'écueil où se brise une vaine espérance
Des amis de Jésus le triomphe commence.

7. Ta mort, divin Jésus, nous défend de la mort;
Nous pouvons désormais dans les mains du Dieu fort
Tomber sans épouvante, et retrouver un Père
Sur ce trône de gloire où siégeait la colère.

8. De ton amour constant qu'on ne peut nous ôter,
Ah! ne permets jamais que nous puissions douter.
Soutiens contre l'assaut des maux et de la crainte
Cette foi par toi-même en notre cœur empreinte.

9. Mais les peuples, Seigneur, ont-ils souffert en vain?
Verrons-nous sans emploi se perdre ce levain,
Ce levain de douleurs, que ta bonté profonde
A jeté tout brûlant dans la masse du monde?

10. Règne, règne, Seigneur, sur les peuples soumis;
Transforme en serviteurs tes plus fiers ennemis,
Et que, transfuge heureux d'une Égypte nouvelle,
Un Israël nouveau marche où ta voix l'appelle.

Cantique 170. — AIR 38.

1. Tandis que le monde sommeille,
Plongé dans une double nuit,
Voici, Seigneur, ton enfant veille,
Cherchant ta paix et ton appui.

2. Humble et confus de sa misère,
Enfant prodigue, il vient à toi,
Réclamer le pardon d'un père
Et l'héritage de la foi.

3. Je crois, Seigneur, mais faible encore,
Je chancelle dans tes sentiers;
Vers le mal que ton œil abhorre
Mon cœur incline volontiers.

4. C'est que ma foi trop vacillante
Ne me montre pas ton amour
Dans sa réalité vivante,
Tel qu'il doit m'apparaître un jour.

5. Tendre Sauveur! oh! que ta grâce
Vainque mon incrédulité!

Rends ma foi vivante, efficace,
Plus forte que l'iniquité !

Cantique 171. — AIR 9.

1. Combien dois-je encore attendre ?
 Jusques à quand tardes-tu,
 O Dieu tout bon, à descendre
 Dans mon courage abattu ?
 Mon besoin t'en sollicite,
 Toi qui, de tous biens auteur,
 Peux d'une seule visite } bis.
 Enrichir ton serviteur.

2. Viens donc, Seigneur, et déploie
 Tous tes trésors à mes yeux ;
 Remplis-moi de cette joie
 Que tu fais régner aux cieux ;
 De l'angoisse qui m'accable
 Daigne être le médecin,
 Et d'une main charitable } bis.
 Dissipes-en le chagrin.

3. Viens, mon Dieu, viens sans demeure ;
 Tant que je ne te vois pas,
 Il n'est point de jour ni d'heure
 Qui pour moi soit sans combats.
 Ma joie en toi seul réside ;
 Tu fais seul mes bons destins ;
 Et sans toi ma table est vide } bis.
 Dans la pompe des festins.

4. Sous les misères humaines
Infecté de leur poison,
Et tout chargé de leurs chaînes,
Je languis comme en prison,
Jusqu'à ce qu'après l'orage,
La nuit faisant place au jour,
Tu me montres un visage
Qui soit pour moi tout d'amour. } *bis.*

Cantique 172. — AIR 52.

1. Je m'approche, Seigneur, plein de la confiance
Que tu veux que je prenne en ta haute bonté ;
Je m'approche en malade, avec impatience
De recevoir de toi la parfaite santé.

2. Je cherche en altéré la fontaine de vie ;
Je cherche en affamé le pain vivifiant ;
Et c'est sur cet espoir que mon âme ravie
Au monarque du ciel présente un mendiant.

3. Aux faveurs de son maître ainsi l'esclave espère,
Ainsi la créature aux dons du Créateur ;
Ainsi le désolé cherche, dans sa misère,
Un doux refuge au sein de son consolateur.

4. De quel front un pécheur devant toi comparaître ?
De quel front jusqu'à toi s'ose-t-il avancer ?
Comment le souffres-tu, toi, son juge et son maître ?
Et comment jusqu'à lui daignes-tu t'abaisser ?

5. Toi, la pureté même, et lui rien que souillure ;
Toi, le grand Saint des saints, toi, leur unique roi,

Tu viens à cette indigne et vile créature,
Qui ne mérite pas de porter l'œil sur toi !

6. Ce n'est point avec toi qu'il faut que je raisonne :
Tu connais ma faiblesse et mon peu de ferveur,
Et tu sais que de moi je n'ai rien qui me donne
Aucun droit de prétendre une telle faveur.

7. Je n'ai rien de meilleur ni de plus salutaire
Que de m'humilier devant ta majesté,
Et de tenir l'œil bas sur toute ma misère,
Pour élever d'autant l'excès de ta bonté.

8. Plus je sais contempler l'excès de ma bassesse,
Plus j'admire aussitôt celui de ton amour ;
J'adore ta pitié, je bénis ta largesse,
Et t'en veux rendre gloire et grâces nuit et jour.

Cantique 173. — AIR 12.

1. O notre Dieu, tout bon, tout adorable,
Que ton saint nom est grand et redoutable !
Ta gloire éclate et triomphe en tous lieux, } *bis.*
Et ta grandeur est au-dessus des cieux.

2. Le tendre enfant, qui pend à la mamelle,
Prêche à nos yeux ta puissance éternelle ;
Sa faible voix confond l'impiété, } *bis.*
Et du méchant condamne la fierté.

3. Quand je contemple, en te rendant hommage,
Le firmament, ton merveilleux ouvrage,

Les cieux, la lune et les feux différents, ⎫ *bis.*
Que ta sagesse a placés dans leurs rangs; ⎭

4. Surpris, ravi, je te dis en moi-même :
Qu'est-ce que l'homme, ô Majesté suprême !
Que ta bonté daigne s'en souvenir ⎫ *bis.*
Et que ta grâce aime à le prévenir? ⎭

5. Tu l'as un peu fait moindre que les anges
Qui dans le ciel célèbrent tes louanges;
Tu l'as aussi d'éclat environné,
Comblé de gloire et d'honneur couronné. ⎭ *bis.*

6. Tu l'as fait roi sur ces œuvres si belles
Que tu formas de tes mains immortelles;
Et tu voulus rassembler, ô Seigneur! ⎫ *bis.*
Tout sous les pieds de ce dominateur. ⎭

7. Les fiers taureaux qui paissent aux montagnes,
Et le bétail qu'on voit en nos campagnes,
L'oiseau des cieux et le poisson des mers, ⎫ *bis.*
Tout est à lui dans ce vaste univers. ⎭

8. O notre Dieu, que ta gloire est immense !
Rien n'est égal à ta magnificence !
Ta majesté partout brille à nos yeux; ⎫ *bis.*
Ton nom remplit et la terre et les cieux. ⎭

Cantique 174. — AIR 50.

1. Quand des promesses de ta grâce
Nous éprouvons la vérité,

Quand nous entrevoyons ta face,
O Dieu de gloire et de bonté !
Nous voudrions vivre à jamais
Dans ton amour et dans ta paix.

2. Quand à nos yeux tu te présentes
Sur le Thabor mystérieux,
Nous voudrions dresser nos tentes
Dans les splendeurs de ces saints lieux ;
Car nous craignons, ô Dieu d'amour !
La nuit qui vient après le jour.

3. Oui, si tu voiles ta présence,
Si tu retires ton soutien,
Nous ressentons notre impuissance
Contre le mal et pour le bien ;
Si tu n'étends vers nous ton bras,
Nous trébuchons à chaque pas.

4. Guide-nous donc comme un bon père,
Prends-nous toi-même par la main ;
Éclaire-nous de ta lumière,
Réchauffe-nous par l'Esprit-Saint ;
Et nous poussant sans cesse au but,
Donne-nous part à ton salut.

Cantique 175. — AIR 89.

1. Jésus quitte son trône
Pour descendre en mon cœur.
Il voile sa couronne ;
Il cache sa grandeur.

O sort digne d'envie!
Quoi! l'Auteur de la vie
En mon âme ravie
S'établit en vainqueur!

2. Dans l'éternel abîme
D'amour et de bonté,
Il a jeté mon crime
Et mon indignité!
Mais malgré sa clémence,
Dépourvu d'innocence,
Je n'ai rien qui n'offense
L'œil de sa sainteté!

3. Las de mes folles joies,
Seigneur, je n'en veux plus!
Mon cœur suivra les voies
Que suivent tes élus.
Après un long délire,
Ce que mon cœur désire,
Le bien auquel j'aspire,
C'est toi seul, ô Jésus!

4. Mon âme s'est donnée
A Jésus mon Sauveur;
A Jésus enchaînée,
Elle a le vrai bonheur.
Au Christ soit la victoire!
Heureux est qui peut croire!
Sa défaite est sa gloire;
Servir est son bonheur!

Cantique 176. — AIR 35.

1. La nuit répand ses voiles sur la terre :
Nous goûterons un sommeil salutaire,
Si ta bonté sur nous veille, ô Seigneur !
Que nous dormions à l'ombre de tes ailes,
Et que d'en haut tes grâces paternelles
Versent ta paix au fond de notre cœur !

2. Tu sais, ô Dieu ! quelle est notre faiblesse,
Et que des jours que ta bonté nous laisse
Nos cœurs mauvais n'ont que trop abusé ;
Car tu nous vois, redoublant nos offenses,
Chaque soleil, provoquer tes vengeances,
Tant te déplaire, hélas ! nous est aisé.

3. Mais ton amour ne repousse personne ;
Et de tes cieux ton Fils, qui nous pardonne,
Ouvre l'accès que nous sûmes fermer.
Attire-nous au trône de ta grâce !
Et de nos cœurs, ô Seigneur ! fonds la glace,
Nous enseignant, Dieu tout bon, à t'aimer !

4. Oh ! que ta paix ferme notre paupière !
Et si notre œil doit revoir la lumière,
Ne permets pas que nos cœurs soient errants !
Pour nous guider que ta clarté nous luise ;
Que ton Esprit lui-même nous conduise,
Et rende forts nos genoux chancelants !

Cantique 177. — AIR 5.

1. Reverra-t-il cette terre chérie,
   Le messager que nous voyons partir ?
   Reviendra-t-il montrer à sa patrie,   } bis.
   Vivant encor, les palmes d'un martyr ?

2. Hélas ! peut-être au sein des mers profondes
   Était marqué le lieu de son repos,
   Et de la grève où se brisent les ondes,   } bis.
   Depuis longtemps le sable attend ses os ;

3. Ou sous les feux d'une zone brûlante,
   Son Souverain le destine à mourir,
   Près des païens que sa voix expirante   } bis.
   Au nom du Christ convie au repentir ;

4. Ou, poursuivant sa pénible carrière
   Sous l'œil de Dieu qui veille sur son sort,
   Il a promis à la terre étrangère   } bis.
   Tout sans réserve, et sa vie et sa mort.

5. O vous, amis du Maître qui l'envoie,
   Dites-lui donc un tendre et saint adieu,
   Et donnez-lui rendez-vous avec joie,   } bis.
   Au dernier jour, aux pieds de votre Dieu.

6. Quoi ! pensez-vous qu'il quitte sa patrie ?
   De là les mers il s'en va la chercher :
   Elle est partout où dans l'idolâtrie   } bis.
   Son œil ému voit des peuples marcher.

7. Elle est partout où le Seigneur l'appelle,
   Où la moisson appelle l'ouvrier,
   Partout où l'homme ignorant et rebelle ⎫ *bis.*
   Vit sans aimer, sans croire et sans prier. ⎭

8. Garde, Seigneur, et bénis notre frère ;
   Dresse au combat ses doigts faibles encor ;
   Entre ses mains que ton œuvre prospère, ⎫ *bis.*
   Et que ses soins t'amassent un trésor. ⎭

9. Que, toujours près du plus tendre des pères,
   Jusqu'à l'exil tout lui paraisse doux !
   Qu'il ait partout des amis et des frères, ⎫ *bis.*
   Et toi, Jésus, toi, le meilleur de tous ! ⎭

Cantique 178. — Air 41.

1. Quoi qu'il en soit, mon âme en son Dieu se repose ;
   C'est de lui qu'elle attend et délivrance et paix ;
   Quoi qu'il en soit, c'est lui qui règle toute chose,
   Et je ne serai point confondu pour jamais.

2. Mon attente est en Dieu ; mon âme, sois tranquille ;
   L'Éternel mon rocher toujours te bénira.
   Dans sa haute retraite il t'offre un sûr asile ;
   S'il te donne la paix, qui donc te troublera ?

3. Peuples qui connaissez sa puissance et sa gloire,
   Venez tous décharger votre cœur devant lui.
   Ce n'est pas au plus fort qu'appartient la victoire,
   Mais au faible qui sait invoquer son appui.

4. Du peuple j'ai souvent éprouvé l'inconstance ;
Les nobles m'ont trahi dans mon adversité ;
Si mon Dieu les pesait dans sa juste balance,
Ils seraient tous légers plus que la vanité.

5. Ne vous fiez donc point en la vaine promesse
De l'homme au regard faux, au langage trompeur ;
Et si vous possédez ou grandeur ou richesse,
Veillez d'un œil jaloux sur votre faible cœur.

6. Mon Dieu l'a déclaré dans sa Parole sainte ;
C'est à lui qu'appartient et sagesse et pouvoir.
Son oreille est toujours attentive à ma plainte,
Et c'est en son amour qu'est mon unique espoir.

Cantique 179. — AIR 6.

1. Au milieu du bruit de la terre,
   Oh ! parle-moi, puissant Sauveur !
   Entoure-moi de ta lumière ;
   Mets ton empreinte sur mon cœur.

2. Mon âme vers toi se retire ;
   Que ferait-elle loin de toi ?
   Prendrait-elle part au délire
   De l'insensé qui vit sans toi ?

3. Écouterait-elle ce monde
   Qui t'offense et se réjouit,
   Et dont le bonheur ne se fonde
   Que sur un faux bien qui périt ?

4. Quand je vois la foule empressée
   Se disputer ce bien d'un jour,
   Vers toi j'élève ma pensée
   Et tout devient grandeur, amour.

5. Seigneur! donne-moi ta sagesse;
   Mets une garde à mes discours.
   Si le méchant parle et me presse,
   Viens près de moi, sois mon secours.

Cantique 180. — AIR 95.

1. Quelle honte, ô mon Dieu! je suis encor l'esclave
   Du péché que je hais;
   En vain je me débats, il s'en rit, il me brave,
   Et me ravit ta paix.

2. Pour m'élever à toi souvent je voudrais faire
   Un généreux effort;
   Mais, hélas! le péché, par un effort contraire,
   Me retient dans la mort.

3. De concert avec lui mes secrètes pensées
   M'éloignent de ta loi;
   Quand je crois éviter ses ruses déguisées,
   Il triomphe de moi.

4. Je veux m'humilier: je vois l'orgueil éclore
   Sous mon humilité;
   Jusque dans mon amour le péché mêle encore
   De son impureté.

5. A la terre attaché, je ne prends qu'avec peine
   Ta croix, ô mon Sauveur !
Au lieu de m'élancer, lâchement je me traine
   Aux sentiers du bonheur.

6. Mais je cherche ta paix ; exauce ma prière :
   Je voudrais t'obéir !
Mourir dans ton amour ou vivre pour te plaire,
   Est mon plus cher désir.

Cantique 181. — AIR 70.

1. Quelle est donc la voix qui m'appelle?
   D'où partent soudain ces accents?
   Dieu par son Esprit se révèle :
   Son approche a frappé mes sens.
   Sa flamme à mes yeux étincelle,
   Et c'est sa grâce que je sens.

2. Parle, ô mon Dieu ! parle et j'écoute,
   Heureux de soumettre à tes lois
   Cet esprit affranchi du doute,
   Et ce cœur brûlant que tu vois
   Demandant à suivre la route
   Où tu fais entendre ta voix.

3. Il a parlé : j'écoute encore.
   Sois, a-t-il dit, mon serviteur.
   Vois le couchant et vois l'aurore,
   Couverts des ombres de l'erreur.

Annonce au monde, qui l'ignore,
Le besoin qu'il a d'un Sauveur.

4. Marquant ton front du caractère
Des hérauts de ma sainte loi,
Aux travaux de ce ministère
J'avais déjà promis ta foi,
Avant que le cœur de ta mère
Eût palpité d'amour pour toi.

5. Sans demander si mille obstacles
Devant tes pas viendront s'offrir,
Ni t'informer par quels miracles
Le ciel saura t'en affranchir,
Vole où t'appellent mes oracles
Que chaque jour voit accomplir.

6. Est-ce en vain qu'on vit mes prophètes?
Est-ce en vain qu'on les écouta?
Que le monde implore en ses fêtes
Le Sauveur qui le racheta;
Que les pécheurs courbent leurs têtes
Devant l'autel de Golgotha!

7. Du Nil aux mers hyperborées,
Du Gange aux bords américains,
Chez les nations égarées
Dont Satan souffle les desseins,
Va chercher les traces sacrées
Et des apôtres et des saints.

8. Va dire mon nom qui console
Et rend les élus triomphants;

Aux pécheurs que Satan s'immole
Dis que je viens et les défends;
Va : du lait pur de ma Parole
Je veux nourrir tous mes enfants.

9. L'âme, de ses péchés troublée,
Trouvera la vie en mon nom,
Et, par ma grâce consolée,
En paix habitera Sion,
De Hacor la belle vallée,
Les doux bocages de Sçaron.

10. Les sables deviendront fertiles,
Les abîmes seront comblés;
Les déserts, les bois et les îles
De croyants se verront peuplés;
L'enfer reprendra ses reptiles,
Bannis loin des cieux étoilés.

11. Satan, rentrant aux noirs abîmes,
Jette un regard sombre et confus
Sur ce théâtre de ses crimes
Où son empire enfin n'est plus.
Il y cherche en vain des victimes :
Partout est le sang de Jésus!

12. O toi que frappa mon tonnerre,
Sion couverte de lambeaux;
Tous les saints que ta poudre enserre
S'éveillent au fond des tombeaux.
Je vais créer une autre terre!
Je vais former des cieux plus beaux!

Cantique 182. — AIR 90.

1. Prince de paix, Roi de justice,
Sous ton sceptre fléchis nos cœurs.
Qu'en ta paix il les affermisse, } bis.
Loin des dangers et des erreurs.

2. Dans ton royaume, avec puissance,
Nous sommes gardés par tes lois ;
Et nous marchons en assurance } bis.
Sous la bannière de la croix.

3. Du haut de ton trône de grâce,
Sur ton peuple, chaque matin,
Tu mets le regard de ta face, } bis.
Et tu prépares son chemin.

4. Par ta Parole, ô Fils du Père !
Que nos ennemis soient défaits !
Ne permets pas que l'Adversaire } bis.
Domine encor sur tes sujets.

5. Des saints trésors de tes richesses
Répands sur nous de nouveaux biens,
Et que tes royales largesses } bis.
Couvrent d'honneur chacun des tiens.

6. Sur la mort remportant victoire,
Tu vas venir au dernier jour,
Et dans ta lumière et ta gloire } bis.
En nous accomplir ton amour.

Cantique 183. — AIR 50.

1. Mon Dieu ! quelle guerre cruelle !
   Je trouve deux hommes en moi :
   L'un, à tes volontés rebelle,
   Me soulève contre ta loi ;
   L'autre, sur tes ordres, Seigneur !
   Veut à jamais régler mon cœur.

2. L'un, tout esprit et tout céleste,
   Veut élever mon âme aux cieux ;
   L'autre, par son pouvoir funeste,
   De tes biens détourne mes yeux ;
   L'un ne respire que ta paix,
   L'autre méconnaît tes bienfaits.

3. Hélas ! en guerre avec moi-même,
   Où pourrai-je trouver la paix ?
   Je ne fais pas le bien que j'aime,
   Et je fais le mal que je hais ;
   Mon cœur, séduit par le péché,
   Désire en être détaché.

4. O grâce ! ô vertu salutaire !
   Toi seule tu peux m'assister :
   Viens, par ta céleste lumière,
   Éclairer mes pas, me guider ;
   Viens sauver, par un doux effort,
   Mon âme esclave de la mort.

Cantique 184. — AIR 53.

1. Je te bénis, Père céleste,
    Père de mon divin Sauveur,
    Qui rends en tous lieux ta faveur
    Pour tes enfants si manifeste.

2. J'en suis le plus pauvre et le moindre,
    Et tu daignes t'en souvenir;
    Combien donc te dois-je bénir,
    Et combien de grâces y joindre!

3. O Père des miséricordes !
    O Dieu des consolations !
    Reçois nos bénédictions
    Pour les biens que tu nous accordes.

4. J'en bénis ta main paternelle,
    J'en bénis ton fils Jésus-Christ,
    J'en rends grâces au Saint-Esprit.
    A tous les trois gloire éternelle!

Cantique 185. — AIR 40.

1. Oui ! ce n'est qu'en toi seul, ô Jésus ! que j'espère.
    Sans toi, divin Sauveur, qui de nous à ton Père
        Pourrait se présenter?
    Lequel des fils d'Adam soutiendrait sa présence?
    Tes rachetés, ô Christ! sur sa grande clémence
        Ont seuls droit de compter. (*bis.*)

2. Venez, enfants de Dieu, par des chants d'allégresse
    Célébrons du Seigneur la bonté, la sagesse

Et l'éternel amour.
Soyons un avec Christ par la foi qu'il nous donne ;
Près de lui dans les cieux, dont l'éclat l'environne,
Nous entrerons un jour. (*bis*.)

3. O glorieux séjour ! véritable patrie !
Ce n'est qu'en toi, par Christ, que mon âme ravie
Peut voir quelque bonheur.
Faux plaisirs d'ici-bas, appâts trompeurs du monde,
Rentrez dans le néant devant la paix profonde
Des élus du Seigneur ! (*bis*.)

Cantique 186. — AIR 24.

(COMPOSÉ PENDANT L'ÉPIDÉMIE DE 1832.)

1. D'où vient ma paix, d'où vient ma joie ?
Autour de nous tout est malheur.
Le ciel gronde et Dieu nous envoie (*bis*.)
Sa colère qui nous foudroie,
Et que devance sa terreur.
D'où vient ma paix, d'où vient ma joie ?
Jésus habite dans mon cœur.

2. Comment puis-je être si tranquille
Devant ce fléau destructeur ?
A ma droite il en tombe mille, (*bis*.)
Mille à ma gauche, et par la ville
Une voix dit : Deuil et malheur !
Comment puis-je être si tranquille ?
Jésus habite dans mon cœur.

3. Qui peut me donner ce courage ?
De porte en porte, avec fureur,
Le fléau sème son passage (*bis*.)
D'orphelins qu'épargne sa rage,
De cadavres glacés d'horreur.
Qui peut me donner ce courage ?
Jésus habite dans mon cœur.

4. Mon âme n'en est que plus tendre
Pour être exempte de frayeur ;
Je console qui veut m'entendre ; (*bis*.)
Ma main relève de leur cendre
Ceux dont l'aspect donne la peur.
Mon âme n'en est que plus tendre :
Jésus habite dans mon cœur.

5. Qu'il vienne, je suis sans alarmes,
Qu'il m'atteigne et qu'il soit vainqueur,
Le monstre inconnu dont les armes (*bis*.)
Couvrent de deuil, baignent de larmes
Nos murs qu'envahit la stupeur.
Qu'il vienne, je suis sans alarmes :
Jésus habite dans mon cœur.

6. J'ai le plus grand trésor du monde
Dans une argile sans valeur.
Mon indigence était profonde : (*bis*.)
Je suis riche et ma vie abonde
En jours de grâce et de bonheur.
J'ai le plus grand trésor du monde :
Jésus habite dans mon cœur.

Cantique 187. — AIR 67.

1. Jours écoulés, jours d'angoisse et de peine,
   Jours de péché, de travaux, de soucis,
   Du temps déjà le cours qui vous entraîne
   Dans le passé vous a tous engloutis.
   Le sang de Christ a lavé vos souillures;
   Son bon Esprit a daigné vous bénir;
   J'aurai de vous leçons saintes et pures;
   Mais vous fuyez, je cours vers l'avenir.

2. Vers le passé pourquoi tourner encore
   Tes longs pensers, cœur épris des faux biens?
   Marche en avant, et vois briller l'aurore
   Du jour promis à la foi des chrétiens.
   Ne souris plus aux temps de la jeunesse;
   Avec l'erreur il te faut en finir;
   Hâte des pas guidés par la sagesse;
   Sers le Seigneur, et cours vers l'avenir.

3. Que l'horizon s'obscurcisse d'orages,
   Et que la foudre éclate autour de moi,
   Le soleil brille au-dessus des nuages,
   Toujours visible au regard de la foi.
   Le ciel s'épure au souffle des tempêtes :
   Dans ses bontés Dieu s'apprête à punir;
   Son joug léger s'étendra sur vos têtes,
   O nations! courez vers l'avenir.

4. Bientôt, Seigneur, dans les glaces du pôle,
   Sous l'équateur, aux quatre vents des cieux,

Les cœurs, soumis à la bonne Parole,
Du mal rompront les liens odieux.
Bientôt les voix dans un concert immense
De lieux en lieux vont se fondre et s'unir
Pour répéter un chant de délivrance!...
Mon cœur l'entend et court vers l'avenir.

5. Mais l'avenir que ton espoir salue,
Mortel d'un jour, ne t'est pas réservé ;
Devant tes pieds abaisse donc ta vue :
Vois ton élan par la tombe entravé.
Le long sommeil t'attend sous l'humble pierre
Que sur tes os les siècles vont brunir...
Ah! ne crains pas! les enfants de lumière
Par le tombeau courent vers l'avenir.

6. Déjà je vois, aux accents de l'archange,
Nos os épars promptement ranimés ;
Je vois nos corps, arrachés à la fange,
S'en relever, brillants et transformés.
Jours de bonheur et de gloire immortelle,
Jours que le mal ne devra plus ternir,
Levez sur moi votre splendeur nouvelle!
Vers toi je cours, éternel avenir!

Cantique 188. — AIR 10.

1. Tu nous dis par un saint oracle
Que les rideaux du tabernacle
S'étendront sur tout l'univers.
O Seigneur! puisse ta lumière

Couvrir bientôt toute la terre,
Comme les eaux le fond des mers.

2. Nos vœux sont pour la terre entière;
Mais si l'enfant a pour son père
Plus de prières, plus d'amour,
Ne pouvons-nous aussi te dire
Que notre cœur surtout désire
Pour notre France un nouveau jour?

3. Que pour elle, ô grand Dieu! se lève
Un astre qui jamais n'achève
Sa course rapide au couchant!
Éclaire, ô Dieu! notre patrie
Des rayons qui portent la vie
Partout où ta grâce s'étend!

Cantique 189. — AIR 90.

1. Pour nous bientôt luira l'aurore
D'une félicité sans fin.
Seigneur! quelques instants encore,
Et tu nous ouvriras ton sein.

2. O jour heureux! lorsqu'en ta gloire
Aux yeux des tiens tu paraîtras!
Avec le cri de la victoire,
Nous volerons tous dans tes bras.

3. Comme au matin, quand la lumière
De l'horizon chasse la nuit,

Tel ce jour sur notre carrière
Brille déjà : l'ombre s'enfuit.

4. Du péché brisons donc la chaîne
Et rejetons tout vain fardeau.
D'un monde impur bravons la haine;
Car devant nous marche l'Agneau.

5. Hâtons nos pas vers la patrie;
Christ nous attend, rempli d'amour.
Entendez-vous sa voix qui crie :
« Venez, élus, au saint séjour !

6. Si le temps fuit et nous entraîne,
C'est dans les bras d'Emmanuel.
Bientôt aura cessé la peine,
Et le repos est dans le ciel.

Cantique 190. — AIR 32.

1. Comme un serviteur sur son maître
A toujours ses yeux arrêtés,
Et par un signe sait connaître
Le secret de ses volontés,
De même à ta main prenant garde
Et prêtant l'oreille à ta voix,
Vers toi ton peuple, ô Dieu ! regarde,
Afin de pratiquer tes lois.

2. Mais, Seigneur, quel est le fidèle
Qui devant toi soit innocent?

Malgré leurs efforts et leur zèle,
Tous n'ont droit qu'à ton châtiment.
Tu vois, au profond de leurs âmes,
Des souillures et des péchés :
Ils ont besoin que tu proclames
Le pardon des crimes cachés.

3. Mais si, de la montagne sainte,
Dieu nous a fait ouïr sa loi,
C'est l'amour et non plus la crainte
Qu'aujourd'hui veut ce puissant roi.
Mon Dieu, je le sais, est mon juge ;
Mais il est aussi mon Sauveur !
Quel meilleur et plus sûr refuge,
Pour les brebis, que le pasteur ?

Cantique 191. — AIR 22.

1. Peuples, frappez des mains, voici le Roi de gloire ;
Votre joie en ce jour doit surtout éclater.
Chantez, mais que vos chants soient des chants de victoire
C'est le Dieu fort qu'il faut chanter. (*bis.*)

2. Célébrez sa grandeur, célébrez sa puissance ;
Jusqu'où ne s'étend pas l'empire de ses lois ?
L'univers est rempli de sa magnificence ;
Il est le Saint, le Roi des rois. (*bis.*)

3. Le voilà notre Dieu. Il marche à notre tête ;
Tout Israël le suit ; l'arche est son pavillon.

Parmi nos cris de joie, au bruit de la trompette,
   Il vient dominer en Sion. (*bis*.)

4. L'empire de ce Dieu que la Judée adore
   Dans les murs de Sion n'est pas tout resserré ;
   Du midi jusqu'au nord, du couchant à l'aurore,
   Partout son nom est révéré. (*bis*.)

5. Que vois-je ? les Gentils sont au pied de son trône ;
   Ils le célèbrent tous comme leur souverain.
   Le changement du cœur, aussitôt qu'il l'ordonne,
   Est l'œuvre sainte de sa main. (*bis*.)

Cantique 192. — AIR 52.

1. Sous ton voile d'ignominie,
   Sous ta couronne de douleur,
   N'attends pas que je te renie,
   Chef auguste de mon Sauveur !
   Mon œil, sous le sanglant nuage
   Qui me dérobe ta beauté,
   A retrouvé de ton visage
   L'ineffaçable majesté.

2. Jamais dans la sainte lumière,
   Jamais dans le repos du ciel,
   D'un plus céleste caractère
   Ne brilla ton front immortel ;
   Au séjour de la beauté même,
   Jamais ta beauté ne jeta

Tant de rayons qu'au jour suprême
Où tu gravis sur Golgotha.

3. Vous qui d'extase et de prière
Remplissez vos jours infinis,
Adorant le Fils dans le Père,
Aimant le Père dans le Fils,
Anges, aux palais de la gloire,
Vous semblait-il plus radieux
Que sur ce bois expiatoire
Et sous la colère des cieux?

4. Son supplice aujourd'hui consomme
Cette grandeur née au saint lieu,
Et l'opprobre du Fils de l'homme
Est la gloire du Fils de Dieu.
Je suis amour, a dit le Père;
Et, quittant le divin séjour,
Jésus-Christ vient dire à la terre:
Je suis son Fils, je suis amour.

5. Il est amour, il est Dieu même,
Le Dieu par qui Dieu nous bénit,
Le Dieu qu'on voit, le Dieu qu'on aime,
Dieu par qui l'homme à Dieu s'unit.
Où donc est la gloire sublime
Plutôt qu'en ce terrible lieu
Où mon Dieu se fait ma victime,
Où je trouve un frère en mon Dieu?

6. L'amour est la grandeur suprême,
L'amour est la gloire du ciel,

L'amour est le vrai diadème
Du Très-Haut et d'Emmanuel.
Loin de moi, vision grossière
De grandeur et de dignité !
Comme au ciel, il n'est sur la terre
Rien de grand que la charité !

7. Amour céleste, je t'adore !
Mon esprit a vu ta grandeur ;
Il te connaît : mon cœur t'ignore ;
Viens remplir, viens changer mon cœur.
Clarté, joie et gloire de l'âme,
Paradis qu'on porte en tout lieu,
Viens, dans ce cœur qui te réclame,
Fleurir sous le regard de Dieu !

8. Que sur tes yeux, ô divin Frère,
Mes yeux attachés nuit et jour,
Y boivent la douce lumière,
La douce flamme de l'amour.
Mêle ta vie avec ma vie,
Verse tout ton cœur dans mon cœur ;
Détruis dans mon âme ravie
Tout désir d'un autre bonheur !

Cantique 193. — AIR 19.

1. L'Occident, foyer de lumière,
Éclaire le monde à son tour ;
Et la croix de la terre entière,
Sous sa conduite, a fait le tour :

Les travaux que la grâce inspire
Signalent son ambition.
Sur les flancs d'un pieux navire
La France aussi verra son nom.

2. Chargé de la sainte semence,
Des âmes céleste aliment,
Qu'il sillonne la mer immense,
Sous un ciel sans cesse clément;
Que le port lui vienne sourire
Et lui réserve un doux repos;
Qu'il aborde enfin le navire,
Caressé des vents et des flots.

3. Arrivés au lointain rivage,
Voilà nos frères à genoux;
Sur la terre ardente et sauvage
Implorant Jésus avec nous.
Aux fils de Cam ils feront lire
Le livre dicté dans les cieux.
Seigneur, tu guidas leur navire :
Seigneur, marche encore avec eux!

4. Chrétiens! des deux bouts de la France,
Qu'elle monte au trône divin,
La prière de l'espérance,
L'oraison vivante et sans fin.
Du Seigneur reculons l'empire
En propageant sa sainte loi;
Préparons encore un navire
Pour les conquêtes de la foi!

Cantique 194. — AIR 5.

1. Que de douceur se trouve en ton service,
O Fils de Dieu! que ton joug a d'attraits!
Que de repos je puise en ta justice,
En te suivant aux sentiers de la paix! (*bis.*)

2. Par ton regard et ta pure lumière,
Tu me conduis vers la porte des cieux,
Et par la foi, déjà sur cette terre,
Tu mets en moi ton règne glorieux. (*bis.*)

3. De ton Esprit le puissant témoignage
Me fait goûter ta joie en ton amour,
Et j'ai le sceau de ce riche héritage
Qui m'appartient au céleste séjour. (*bis.*)

4. Dans mes combats, je reçois de ta grâce
Un prompt secours, un sûr et tendre appui;
Dans mes douleurs, la splendeur de ta face
Vient puissamment dissiper mon ennui. (*bis.*)

5. Aussi mon cœur a le désir sincère
De t'obéir avec fidélité,
Et de t'aimer toujours plus, Fils du Père!
En te suivant vers la sainte cité. (*bis.*)

6. Oh! quel espoir! quelle attente ineffable!
Dans peu de jours tu m'ouvriras ton ciel,
Et dans ton sein, ô Sauveur charitable!
Je jouirai du bonheur éternel. (*bis.*)

Cantique 195. — AIR 94.

1. Soldats de Christ, au combat! au combat!
   L'ennemi règne où doit régner le Père.
   Ne cherchons pas aujourd'hui sur la terre
   Les saints loisirs de l'éternel sabbat.

2. Jusqu'à ce jour l'empire du péché
   A peu souffert de nos rares atteintes;
   Le monde a dit : Leurs lampes sont éteintes,
   A l'occident leur soleil a touché!

3. Serait-il vrai? non, Jésus est Seigneur;
   Il a créé les siècles pour sa gloire.
   Il doit régner; nous aurons la victoire;
   Nos armes sont les armes d'un vainqueur.

4. Vivons de foi, d'espoir, de charité,
   Et nous verrons s'étendre nos conquêtes.
   Déjà, chrétiens, se lèvent sur nos têtes
   Les jours de gloire et d'immortalité.

5. Et toi, Seigneur, notre bien-aimé roi,
   Qui nous acquis de ton sang, de ta vie,
   Conduis nos pas, éclaire, fortifie
   Tes rachetés qui combattent pour toi.

Cantique 196. — AIR 23.

1. Il est monté comme un vil rejeton,
   Et cependant l'Éternel est son nom!

Faible et petit, méprisé, misérable,
Le Fils de l'homme aux hommes fut semblable.
   Œuvre de Christ ! œuvre d'amour ! (*bis.*)
   Ah ! qu'avons-nous fait *en retour ?* (*ter.*)

2. Il s'est chargé de toutes nos langueurs;
Il a porté nos peines, nos douleurs.
Prendre la vie ou la rendre à son Père,
Tout fut pour lui sacrifice et misère.
   Œuvre de Christ ! œuvre d'amour ! (*bis.*)
   Ah ! qu'avons-nous fait *en retour ?* (*ter.*)

3. C'est sur la croix qu'il a tout accompli.
Pas un iota n'est tombé dans l'oubli.
Sur lui la mort remporta la victoire;
Mais, ô Jésus ! mourir devint ta gloire.
   Œuvre de Christ ! œuvre d'amour ! (*bis.*)
   Ah ! qu'avons-nous fait *en retour ?* (*ter.*)

Cantique 197. — AIR 36.

1. Seigneur Jésus ! du haut de ta demeure,
De tes enfants vois les efforts nouveaux :
En mille lieux vois-les à la même heure ⎱ *bis.*
Te priant tous de bénir leurs travaux. ⎰

2. Elle jaunit la campagne du monde ;
Mais ce beau champ manque de moissonneurs ;
Sur ta bonté tout notre espoir se fonde. ⎱ *bis.*
Seconde, ô Dieu ! seconde nos labeurs. ⎰

3. Oui, de toi seul nous attendons la vie ;
   Point de succès sans ton puissant secours.
   Fais donc briller, selon ta prophétie, ⎫
   Sur ta Sion l'éclat des derniers jours ! ⎭ *bis.*

4. Saints messagers ! qui portez la lumière,
   En tous climats proclamez le Sauveur ;
   Il faut planter sa céleste bannière, ⎫
   Cet étendard de paix et de bonheur. ⎭ *bis.*

5. Dites aux morts : Revenez à la vie !
   Aux criminels annoncez le pardon ;
   Aux rachetés ouvrez la bergerie ; ⎫
   Rassemblez-les dans la sainte Sion. ⎭ *bis.*

6. Prêchez partout les antiques oracles
   Pour dissiper l'ignorance et l'erreur.
   Pleine de foi, dresse tes tabernacles ; ⎫
   Ta gloire est grande, ô cité du Seigneur ! ⎭ *bis.*

Cantique 198. — AIR 67.

1. Vers toi, Seigneur ! au jour de la tristesse,
   Mon âme exhale un douloureux soupir ;
   Et s'appuyant sur ta sainte promesse,
   Peut à la fois espérer et souffrir.
   Que ton pouvoir dissipe au loin l'orage
   Qui vient ternir le flambeau de ma foi,
   Et me conduise au céleste rivage,
   Sur le rocher trop élevé pour moi.

2. Dans le péril, à l'ombre de tes ailes,
Je puis trouver secours, sécurité;
Et je reçois de tes mains paternelles
Force et repos dans mon cœur agité.
Quand je succombe aux combats de la vie,
Il me suffit de regarder vers toi;
Mon âme alors est soudain recueillie
Sur le rocher trop élevé pour moi.

3. Il vient le jour de notre délivrance;
De tous nos maux s'approche aussi la fin.
O mon Sauveur! donne-moi l'assurance
Que nul ne peut me ravir de ta main.
Quand de la mort, messagère fidèle,
Je subirai l'inévitable loi,
Que dans les cieux ta douce voix m'appelle
Sur le rocher trop élevé pour moi.

Cantique 199. — AIR 11.

1. Que le monde s'égaye
Au milieu de la mort!
Par l'oubli qu'il essaye
De se cacher son sort!
Le flot roule et s'avance;
Il gronde avec fureur.
Monde sans espérance,
Tu ris. Malheur! malheur! (bis.)

2. Heureux celui qui pleure!
Heureux l'humble d'esprit!

En Jésus il demeure,
Paisible, mais contrit :
Paisible, car la grâce
Guérit celui qui craint ;
Contrit par l'efficace
De l'Esprit du Dieu saint. *(bis.)*

3. On rit sur cette terre,
Seigneur, et nous pleurons !
On chante sa misère,
Et nous nous lamentons !
Absents de la patrie,
Comment chanterions-nous ?
Sion, terre chérie,
Loin de toi rien n'est doux ! *(bis.)*

4. Le péché nous entraîne,
Lui que tu hais, Seigneur ;
Son pouvoir nous enchaîne,
Il souille notre cœur.
Pour toi, pour ta loi sainte,
Nous sentons peu d'amour ;
Nous chargeons avec plainte
La croix de chaque jour. *(bis.)*

5. Tout est saint dans la route
Où tu conduis nos pas.
Mais, ô Dieu ! qu'il en coûte
A ceux que tu sauvas,
Pour combattre sans cesse,
Pour prier et veiller,

Et sentir la tristesse
Que tu veux consoler! (*bis*.)

Cantique 200. — AIR 2.

1. Père saint, je te bénis!
Pour moi tes dons infinis (*bis*.)
Sont une fraîche rosée;
Malgré mes nombreux forfaits, (*bis*.)
La coupe de tes bienfaits
N'est pas encore épuisée.

2. Que de grâces dans ce jour!
Mon cœur tressaillait d'amour (*bis*.)
En écoutant ta Parole,
Et cette fidèle voix, (*bis*.)
Qui me montrait sur la croix
Mon Rédempteur qui s'immole.

3. Honneur et gloire à ton nom!
De toi descend le pardon, (*bis*.)
La paix et la délivrance.
En m'éloignant du saint lieu, (*bis*.)
Fais que j'emporte, ô mon Dieu!
Le flambeau de l'espérance.

4. Le monde et ses vains appas
Enlacent encor mes pas (*bis*.)
Dans plus d'un piége perfide;
J'y rentre, saisi d'effroi; (*bis*.)

Seigneur, Seigneur, soutiens-moi ;
Sois mon refuge et mon guide !

5. Alors, gardé par ta main,
Je suivrai le droit chemin, *(bis.)*
Comme un voyageur qui passe :
Heureux de vivre avec toi, *(bis.)*
Et grandissant dans la foi,
Comme le jour dans l'espace !

6. Et puissent tous tes enfants,
Mon Dieu, marcher triomphants, *(bis.)*
Vers la demeure des anges,
Où leur cantique nouveau *(bis.)*
Célèbrera de l'Agneau
Les éternelles louanges !

FIN.

TABLE ALPHABÉTIQUE
DES CANTIQUES.

A

	Cantiques	Pages
A celui qui nous a sauvés.	64	85
Ah! pourquoi l'amitié gémirait-elle encore.	76	101
Ah! que je ne sois pas comme un rameau stérile.	41	55
Ainsi que d'une lyre.	1	1
A la fin de cette journée.	114	155
Alléluia! gloire et louanges.	165	240
Alléluia! louange à Dieu!	17	25
A mon Seigneur l'Éternel dit lui-même.	154	224
A toi, mon Dieu, mon cœur monte.	71	93
Au fort de ma détresse.	119	164
Au milieu du bruit de la terre.	179	258

B

Béni sois-tu, mon divin Maître.	53	70
Béni soit à jamais le grand Dieu d'Israël.	97	130
Bénissons Dieu, mon âme, en toute chose.	55	72

C

Célébrons tous le Souverain.	48	64
Célébrons tous par nos louanges.	135	196
Celui qui sur l'immensité.	28	39
C'est dans la paix que tu dois vivre.	73	98
C'est de toi, Père saint, que j'attends ma justice.	139	204
C'est moi, c'est moi qui vous console.	20	28
C'est un rempart que notre Dieu.	14	20
C'est une chose sainte et belle.	90	120
Combien dois-je encore attendre?	171	249
Comme en un bois épais et sous un noir ombrage.	18	26
Comme un cerf altéré brame.	27	37
Comme un serviteur sur son maître.	190	271

D

	Cantiques.	Pages.
Dans l'abîme de misères..............	4	7
Dans le désert où je poursuis ma route........	5	8
Depuis que mon Dieu, dans sa grâce	159	232
De quoi t'alarmes-tu, mon cœur?.........	62	82
Dès qu'un mal cruel nous accable..........	100	135
De tous les biens source pure et féconde.......	35	49
De tout mon cœur, dans tous les lieux	144	210
Dieu fort et grand, tu vois toute ma vie.......	36	49
Dieu, mon rocher, j'élève à toi mes cris.......	94	125
Dieu nous veuille être favorable...........	75	100
Dieu tout bon, qui veux bien te nommer notre Père.	129	187
Dieu tout-puissant, Dieu de ma délivrance.....	12	17
Divin chef de l'Église et notre unique espoir....	169	246
Divin Sauveur, une vaste carrière..........	44	59
Doué du langage des anges..............	136	198
D'où vient ma paix, d'où vient ma joie?......	186	266
Du rocher de Jacob toute l'œuvre est parfaite...	57	75
Du sein de la gloire éternelle.............	155	225

E

Ecoutez tous une bonne nouvelle............	54	71
Elle a ses fondements sur les saintes montagnes...	111	151
Encor cette journée................	16	23
En toi, Seigneur, je me confie............	24	33
Entonnons en ce jour un cantique nouveau......	146	213
Espoir de toute créature...............	147	214
Esprit saint, Dieu puissant, que méconnaît le monde.	72	96
Esprit saint, notre Créateur.............	151	220
Est-il bien vrai, Seigneur, qu'un fils de la poussière.	106	145
Eternel, ô mon Dieu, j'implore ta clémence.....	52	69
Eternel! Tout-Puissant! Dieu rempli de tendresse!..	145	212

F

Faisons éclater notre joie...............	128	185
Faisons retentir en ce lieu...............	117	162
Fraternité céleste et sainte.............	124	176

G

	Cantiques.	Pages.
Gloire, gloire à l'Eternel.	112	152
Grand Dieu dont les bontés égalent la puissance.	108	148
Grand Dieu, nous te bénissons.	29	40
Grand Dieu, tes bontés vont si loin.	43	57

H

Heureux celui de qui Dieu, par sa grâce	45	60
Heureux qui des pervers détestant les maximes.	163	238

I

Il est aisé de te haïr.	122	167
Il est en Israël une source abondante.	149	218
Il est monté comme un vil rejeton.	196	278
Il faut, grand Dieu, que de mon cœur.	81	108
Il ne saurait me donner le bonheur.	47	63
Il vient, il vient, c'est notre Rédempteur.	23	32

J

Jadis l'oiseau, messager de Noé.	118	163
J'aime mon Dieu, car son divin secours.	33	45
Jamais Dieu ne délaisse.	15	22
Je chanterai, Seigneur! tes œuvres magnifiques.	22	31
Je la connais cette joie excellente.	49	65
Je m'approche, Seigneur, plein de la confiance.	172	250
Je n'ai plus de repos.	79	105
Jésus, par un suprême effort.	156	226
Jésus quitte son trône.	175	253
Je te bénis, Père céleste.	184	265
Je veux célébrer ta victoire.	115	158
Je veux t'aimer, toi mon Dieu, toi mon Père.	61	80
Jour du Seigneur.	82	110
Jours écoulés, jours d'angoisse et de peine.	187	268

L

Laisse-moi désormais.	91	122
La nuit répand ses voiles sur la terre.	176	255

	Cantiques.	Pages.
La terre roule, entraînant avec elle.	67	88
Le Sauveur est ressuscité.	68	89
Le temps est court, hâtons-nous, l'heure avance.	125	178
L'Eternel est ma part, mon salut, mon breuvage.	65	86
L'Eternel seul est ma lumière.	13	18
L'Eternel seul est mon tout, mon partage.	152	221
L'Eternel seul est Seigneur.	2	4
Le voyageur perdu dans une nuit d'orage.	143	209
Levons-nous, frères, levons-nous.	31	43
L'occident, foyer de lumière.	193	275
Lorsque tu formas la matière.	85	113

M

Mon cœur joyeux, plein d'espérance.	70	92
Mon Dieu! quelle guerre cruelle.	183	264

N

N'éloigne pas de moi ta droite secourable.	158	231
Ne te désole point, Sion, sèche tes larmes.	58	76
Non, rien en ma personne.	160	233

O

Obscur et pauvre au monde présenté.	60	79
O Christ! j'ai vu ton agonie.	30	42
O Désiré de la terre.	116	161
O Dieu! c'est dans ta Sion sainte.	157	228
O Dieu de vérité, pour qui seul je soupire.	84	113
O Dieu, du fond des âges.	161	235
O Dieu, que pourrait ma faiblesse.	34	47
O Dieu qui créas l'univers.	104	141
O Dieu, ton temple.	51	67
O Dieu très bon, tu vois les maux sans nombre.	74	99
O Dieu, viens à mon aide.	89	119
Oh! combien grand est le mystère.	80	106
Oh! que ton joug est facile.	9	13
O Jésus! dans ta bergerie.	110	150
O Jésus! que ton nom, pour une âme fidèle.	113	153
O mon Sauveur, j'ai mis mon espérance.	142	208

	Cantiques.	Pages.
O notre Dieu tout bon, tout adorable.	173	251
O Seigneur, bénis la parole.	78	104
O Seigneur Éternel, une nouvelle année.	162	237
O Seigneur, ô Sauveur! que nos lèvres te louent.	3	5
O Seigneur! que n'ai-je des ailes.	69	90
Oui, ce n'est qu'en toi seul, ô Jésus! que j'espère.	185	265
Oui, je bénirai Dieu tout le temps de ma vie.	95	126
Oui, pour son peuple Jésus prie.	19	27
Ouvrages du Très-Haut, effets de sa parole.	120	165

P

	Cantiques.	Pages.
Parle, parle, Seigneur, ton serviteur écoute.	92	122
Pauvre âme inquiète et tremblante.	133	194
Père saint, je te bénis.	200	283
Père saint, je te rends grâce!	101	137
Peuple de Dieu, race anoblie.	56	74
Peuple dispersé sur la terre.	77	103
Peuples, chantez un saint cantique.	66	87
Peuples, frappez des mains, voici le Roi de gloire.	191	272
Peuples, venez, et que l'on donne.	105	142
Pour nous bientôt luira l'aurore.	189	270
Pourquoi, Seigneur, pourquoi mille doutes pénibles.	131	189
Prince de paix, roi de justice.	182	263

Q

	Cantiques.	Pages.
Quand des promesses de ta grâce.	174	252
Quand je vivais sans le Seigneur.	8	12
Quand l'homme ouvrit, dans son délire.	150	219
Que de douceur se trouve en ton service.	194	277
Que de gens, ô grand Dieu!	88	117
Que le monde s'égaye.	199	281
Quelle clarté divine a relui dans mon âme.	40	54
Que le Seigneur tes vœux entende.	148	217
Quelle est donc la voix qui m'appelle.	181	260
Quelle honte, ô mon Dieu! je suis encor l'esclave.	180	259
Que ne puis-je, ô mon Dieu! Dieu de ma délivrance.	102	139
Que vois-je, hélas! mon Dieu, mon Père.	130	188
Qu'ils sont beaux sur les montagnes.	26	35
Quoi qu'il en soit, mon âme en son Dieu se repose.	178	257

R

	Cantiques.	Pages.
Réjouissons-nous au Seigneur.	127	184
Rendez à Dieu l'honneur suprême	123	172
Réveille-toi, peuple fidèle.	168	243
Reverra-t-il cette terre chérie.	177	256
Roi des rois, Eternel mon Dieu.	7	10

S

Saint des saints, tout mon cœur veut s'élever à toi.	25	34
Seigneur, comblé de tes largesses.	87	116
Seigneur, dans ces jours de détresse.	50	66
Seigneur, dans les splendeurs des cieux.	59	77
Seigneur, dans ma souffrance.	11	16
Seigneur, écoute les requêtes.	32	44
Seigneur, en qui seul j'espère.	37	50
Seigneur Jésus, du haut de ta demeure.	197	279
Seigneur Jésus, roi d'Israël.	83	111
Seigneur, je voudrais croire, et mon âme inquiète	21	30
Seigneur, lorsque la nuit s'étend sur la nature.	166	241
Seigneur, mon âme est altérée.	6	9
Seigneur mon Dieu, bénis tous ceux que j'aime.	96	128
Seigneur mon Dieu, sur mon âme angoissée.	63	84
Seigneur, qui vois ma peine.	132	192
Soldats de Christ, au combat! au combat!	195	278
Source de tous les biens où nous devons prétendre.	140	205
Sous ton voile d'ignominie.	192	273
Souvent, ô mon divin Sauveur!	109	149
Souvent, Seigneur, en sa détresse.	10	15
Souverain monarque des mondes.	126	178
Sur mon chemin l'éternité s'avance.	153	222
Sur ton Eglise universelle.	141	207

T

Ta loi fut toujours bonne, agréable et parfaite.	46	62
Tandis que le monde sommeille.	170	248
Ta parole, Seigneur, est ma force et ma vie.	167	242
Toi dont la voix créa les mondes.	138	203
Toi qui dans la nuit de la vie.	137	200

	Cantiques.	Pages.
Tous tes enfants accourent, pleins de joie.	164	239
Trois fois saint Jéhovah.	39	53
Tu nous aimes, Seigneur, comme Dieu, comme Père.	99	134
Tu nous appelles tous à combattre sans cesse.	93	124
Tu nous dis par un saint oracle.	188	269
Tu parais, ô Jésus, et ta bouche proclame.	42	56
Tu vins, Jésus, dans la souffrance.	38	52

U

Une voix dans mon cœur s'éveille.	107	146
Un nouveau combattant vient d'entrer dans la lice	134	195

V

Venez, chrétiens, et contemplons la gloire.	121	166
Venez, ô vous dont la souffrance.	103	140
Vers toi, Seigneur, au jour de la tristesse.	198	280
Viens, ô Jésus, régner sur cette terre.	86	115
Voici les temps dont les oracles.	98	132

INDICATION DES PSAUMES

COMPRIS DANS CE RECUEIL

ET DE LA PLACE QU'ILS Y OCCUPENT.

Psaumes		Cantiques.
3	Que de gens, ô grand Dieu !	88
6	Seigneur, qui vois ma peine	132
8	O notre Dieu, tout bon, tout adorable	173
20	Que le Seigneur tes vœux entende	148
24	L'Eternel seul est Seigneur	2
25	A toi, mon Dieu, mon cœur monte	71
27	L'Eternel seul est ma lumière	13
32	Heureux celui de qui Dieu par sa grâce	45
33	Réveille-toi, peuple fidèle	168
34	Oui, je bénirai Dieu tout le temps de ma vie	95
42	Comme un cerf altéré brame	27
46	Dès qu'un mal cruel nous accable	100
47	Peuples, frappez des mains, voici le Roi de gloire	191
62	Quoi qu'il en soit, mon âme en son Dieu se repose	178

Psaumes.		Cantiques.
65	O Dieu, c'est dans ta Sion sainte	157
66	Peuples, venez, et que l'on donne	105
67	Dieu nous veuille être favorable	75
84	Roi des rois, Eternel mon Dieu	7
87	Elle a ses fondements sur les saintes montagnes	111
92	C'est une chose sainte et belle	90
95	Réjouissons-nous au Seigneur	127
103	Bénissons Dieu, mon âme, en toute chose	55
110	A mon Seigneur l'Éternel dit lui-même	154
111	De tout mon cœur, dans tous les lieux	144
116	J'aime mon Dieu, car son divin secours	33
118	Rendez à Dieu l'honneur suprême	123
130	Au fort de ma détresse	119
138	Il faut, grand Dieu, que de mon cœur	81

CANTIQUES

POUR

LES FÊTES ET LES SOLENNITÉS CHRÉTIENNES.

Noël. 23, 42, 80, 97, 126, 128, 165.
Vendredi saint. 30, 54, 60, 130, 165, 192, 196.
Pâques. 28, *v.* 5; 29, *v.* 6; 68, 80, 115, 117, 138, *v.* 3-5; 146, 156.
Ascension. 2, 121, 154.
Pentecôte. 35, 72, 98.
Fin de l'année. 32, 125, 153.
Premier jour de l'an. 1, 125, 143, 153, 162, 187.
Sainte-Cène. 106, 135, *v.* 3.
Collecte pour les pauvres. 129.
Réunion de prière pour les missions évangéliques. 23, 26, 28, 44,
  48, 58, 59, 67, 75, 81, 83, 86, 91, 97, *v.* 8-11; 98, 105,
  110, 111, 126, 137, 141, 145, 165, *v.* 6; 177, 181, 187,
  v. 4, 6; 188, 191, 193, 197.
Cantique de Zacharie. 97.
Cantique de Siméon. 91.

FIN DE LA TABLE.

IMPRIMERIE D'E. DUVERGER,
RUE DE VERNEUIL, N° 4.

www.ingramcontent.com/pod-product-compliance
Lightning Source LLC
Chambersburg PA
CBHW071416150426
43191CB00008B/933